Zo d'Axa

84

58

ENDEHORS

CHAMUEL ÉDITEUR · UN FRANC · 5 Rue de ... Paris · 1896

Endehors

Zo d'Axa

ENDEHORS

PARIS

CHAMUEL, EDITEUR

5, rue de Savoie

1896

note de l'éditeur

L'éditeur voudrait, dès l'abord, indiquer le double but qu'il s'est proposé en publiant ce choix d'articles de l'Endehors[1]. Dans une de ses récentes chroniques des lettres, M. Jean de Milly disait : « Je n'ai connu Zo d'Axa que par ses articles de l'Endehors, cette publication désormais fameuse dont il fut le créateur en même temps que le directeur. On sait les conséquences de l'entreprise et le bruit qu'elle fit de par le monde. La petite feuille, si modeste d'apparence et tellement précieuse d'allure qu'on l'eût prise plutôt pour un périodique de cénacle ou pour l'organe exclusif de quelques raffinés d'art, souleva plus de tempêtes et provoqua plus de passions qu'une émeute dans la rue. Violente, certes, elle l'était, et d'une violence qui, pour apparaître toujours sous une forme littéraire, subtile, composée, ne pénétrait pas moins profondément dans les esprits et ne gagnait pas moins à son objet les volontés éparses, les énergies en mal d'une direction précise. Opportune ou non, l'influence de l'Endehors s'exerça effective. Je n'ai pas à la discuter ici et me garderai d'y toucher. Mais, à côté de son action proprement po-

---

* Le journal portait en épigraphe cette phrase de d'Axa : « Celui que rien n'enrôle et qu'une impulsive nature guide seule, ce hors la loi, ce hors d'école, cet isolé chercheur d'audelà ne se dessine-t-il pas dans ce mot : l'Endehors ? »

litique, le journal de Zo d'Axa réalisa un incontestable effort intellectuel et c'est pour la beauté de cet effort qu'il me plaît de l'évoquer, à cette heure. » Faut-il rappeler que des écrivains tels Clémenceau, Laurent Tailhade, Henri Bauër, dix autres dont les noms valent et comptent, eurent, à propos de l'Endehors, des appréciations aussi nettes. Nous donnerons seulement encore une citation de Lucien Descaves esquissant à la fois les campagnes engagées et l'homme qui les mena : « Le rédacteur en chef de l'Endehors, dit-il dans les Hommes d'Aujourd'hui, peut regarder, sans jactance, s'allonger derrière soi le ruban de ses articles, une belle route bordée de haines et de pitié, empierrée de colères et pavée de révolte. Selon le mot expressif qu'il voulut, d'Axa est un Endehors, militant mais pas sectaire, un tirailleur, un irrégulier. Son esprit est d'une chaude ironie. La phrase est rapide. La mèche de ses articles est courte ; quand on en approche l'allumette, quelque chose est près de sauter. Et d'Axa est fort capable de sauter avec, le cas échéant : il l'a prouvé. » Ceci était écrit au moment où paraissait le journal qui, en dépit des perquisitions, des poursuites et des saisies, ne devait succomber plus tard que par l'emprisonnement de son directeur. Aujourd'hui malgré l'éloignement, ces articles de Zo d'Axa, ont, en leur réunion, l'intérêt d'un ensemble panoramique de faits, visant, par delà même l'actualité, les institutions d'une Société : armée, magistrature, autorité, famille, propriété, patrie... Si les numéros de l'Endehors furent détruits, ces feuilles volantes mises au pilon demeurent pourtant les pages d'une œuvre. Et nous avons pensé qu'il y avait, pour nous, une besogne de restitution à les faire revivre dans leur forme naturelle et définitive : le livre.

*On ne nous accusera pas d'un parti pris de violence.
On remarquera au contraire que non seulement nous ne
publions pas les articles poursuivis, Brelan de valets (1),
l.hérot de Beaurepaire (2); mais encore que nous avons
élagué ceux, comme 14 Juillet sanglant, Dans le dos,
Grâce pour Lui, etc., qui semblent composés sur un ton
plus âpre. Cela — bien que l'auteur nous le tienne en
grief — ne nous doit pas être reproché par un public
qui attend de d'Axa moins les attaques brutales que les
propos aiguisés du railleur.*

*Nous disions que notre but était double. En effet :
on parle de crise de la librairie, de marasme de l'édition
— et l'on continue à vendre trois francs cinquante des
livres, des livres et des livres que souvent aucune réelle
valeur ne recommande. Par leur prix, lorsque même
les volumes sont à lire, ils ne s'adressent qu'à un groupe
restreint... Nous avons pensé atteindre la foule. Ce
livre est le premier d'une série que les libraires donne-
ront pour un franc. La tentative était à faire, et pou-
vions-nous la faire mieux qu'en débutant par une œuvre
qui est de jeunesse et d'audace?*

L'Éditeur

---

(1) 18 mois de prison, 3000 francs d'amende; cour d'assises du
4 juin 92.
(2) 2 ans de prison, 3000 francs d'amende; condamnation par
défaut le 5 juillet 92, réduite à 6 mois, contradictoirement, le
29 mars 93.

✦ ✦ ✦

— Du courage, Monsieur. Voilà une cigarette, un verre de rhum. Désirez-vous autre
chose ?

— Du feu, s'il vous plait.

— Oui, c'est cela ; fumez, buvez : on va vous
couper les cheveux.

— Rafraichir seulement, j'aimerais mieux.

— Soit, courts derrière, et, sur le front,
mèches au vent. Compris. Et maintenant permet-
tez-moi la suprême recommandation : vous allez
mourir pour vos écrits, vos opinions, vos actes
de révolté, eh bien! à l'instant fatal, ne ré-
sistez pas, laissez-vous faire. D'ailleurs on ne
vous bâillonne point, nul ne songe à vous em-
pêcher de confesser votre foi en un vivat protestataire... Vous crierez « Vive... ce que vous
voudrez ».

Si le directeur de la Roquette me tenait

semblable discours, après telle mésaventure
soupçonnable par les temps qui stagnent, peut-
être bien en profiterais-je pour lui demander
l'âge qu'il a — en tous cas, je ne crierais rien.
Non, devant le peuple accouru pour voir si je
meurs avec à propos, je n'aurais pas de mots
définitifs. Je ne connais point de formule où se
peut réfugier l'enthousiasme. Vive la Révolu-
tion! Vive Dieu! Vive le Roy! Vive l'Anarchie!
Pourquoi? Car, en somme, je ne suis sûr de
rien, si ce n'est qu'il faut vivre SOI-MÊME : vivre
en joie, vivre en bataille, se donner si bien au
présent que le futur n'importe plus, vivre aux
heures belles ou mauvaises... Je vivrais encore
une minute à souffler, aux babouines des foules,
ma dernière bouffée de cigarette.

Donc, je l'avoue, très candide, la fâcheuse
occasion venant, je n'aurais point d'ultimes
paroles clamant un espoir tenace. A présent on
ne sera plus surpris qu'à la bonne occasion de
ce livre je n'aie pas de préface-programme.

— De quoi s'agit-il ?

— Vous verrez bien. C'est la vie qui se déroule, brutale : coups de poing, coups de plume, explosions, coups d'ongle. Faits divers : ce dont on cause, ce dont on rage ou l'on sourit... Tournez les pages.

Branche de mai

Pas utile de faire encore une fois le récit des événements de Fourmies [*]; tout le monde sait ce qui s'est passé, nul n'ignore qu'enfants, femmes, vieillards, une quarantaine environ ont été abattus par la fusillade d'un régiment de cette vaillante armée — notre espoir et notre force.

Seuls, tels poignants détails, restent éternel-nellement sujets à méditer.

Cette jeune fille tombée au premier plan, cette gamine de dix-sept ans qui s'avançait, évidemment inquiétante, sur les bataillons carrés de nos soldats, une branche de mai dans la main ! cette enfant que trois ou quatre balles

* Le premier numéro de l'*Endehors* paraissait en mai 91, au lendemain même de Fourmies. — N. de l'E.

de nos merveilleux Lebel ont couchée pour jamais toute rougie d'horribles blessures — avez-
vous pensé que ce ne sont pas des coups de feu
tirés dans le vague d'une foule lointaine qui
l'ont frappée ? Avez-vous pensé que les balles
se sont concentrées sur elle comme en un rendez-
vous de sang ? Vous êtes-vous demandé, une
fois, angoissé :

— Si pourtant on l'avait visée, cette enfant ?

Visée !

Il faut bien qu'elle s'anime cette pensée ;
car la fillette, si près, à la bouche même des
fusils, presque isolée en avant-garde, on pouvait
ne pas la toucher ! il suffisait de le vouloir.

Et on ne l'a pas évitée cette petite victime
si proche...

Donc, derrière le hérissement des baïonnettes, le soldat s'est rageusement dit :

— Assez ! ils nous la foutent mauvaise avec
leur premier mai ! sale corvée — tenue de
campagne — astiquage à n'en plus finir —
faire le poireau — recevoir même des cailloux
— être engueulé par le sergent — et puis...

c'est cette petite garce avec ce branchage en main, oh ! celle-là, elle n'y coupera pas !

Ils ont visé.

L'homme est caverneusement mauvais.

Où il est pire, c'est, à certaines heures, sous l'uniforme de soldat.

Pas besoin de se rappeler le sac des villes après la victoire, les odieuses boucheries d'après coup, les saletés tellement ignobles qu'elles ont souvent donné la peste, tout ce que laisse après elle la bande armée qui triomphe.

Il suffit de se souvenir de notre passage au régiment ; même les meilleurs d'entre nous, ceux que le métier déguisait seulement en « hommes d'armes », même ceux-là n'éprouvaient-ils pas parfois une joie féroce à faire du mal ?

En avons-nous vu, de près, des faits brutalement, largement révélateurs, que ni sous-offs, ni biribi, si puissants pourtant, n'ont contés.

En avons-nous vu de petites vilenies et de grosses lâchetés qui n'ont jamais été dites.

Jamais été dénoncées, parce que l'on veut s'en tenir aux faits épisodiques au lieu de prendre corps à corps toute la bête — la bête sacrée ! la bête à mille cornes acérées faites de sabres et de baïonnettes.

De l'armée, nous en sommes tous — chants de conscrits ou malgré nous.

Mais cette période militaire n'est-elle pas la phase la moins humaine de notre activité ?

Ah ! sûr, on est tout autre, en cet instant taxé, lorsque le métier fait de vous un être passif pour tous les personnels élans.

Et c'est fatal, irrémédiable : l'homme n'est pas assez fortement trempé pour résister à tous les coups d'épingle de la discipline, aux esquintements physiques, aux schlagues morales ; un désir de vengeance s'accumule en lui, une rage monte pouvant fondre sur n'importe qui, à propos de n'importe quoi, et c'est pour ça que « les fusils partent tout seuls ».

Chercher des responsabilités ?

D'avance on n'en veut pas trouver. On sait trop où il faudrait les faire peser.

On a indiqué des personnes : un commandant. Ce n'est qu'un otage.

Il y a ce que nous disions tout à l'heure, cette chose à laquelle on ne veut pas toucher, on n'ose pas : cette toujours cruelle bête sacrée aux mille cornes acérées faites de sabres et de baïonnettes...

Par l'Image

Quand un journal quotidien s'éprend de la noble idée de faire pénétrer dans les masses les subtilités exquises de l'Art, lorsque d'un autre côté une combinaison plus ou moins proprement financière lui permet de disposer de quelques dizaines de mille francs, le grand quotidien accouche d'un petit hebdomadaire.

Alors, parmi la floraison des gravures rares, il en éclôt de nouvelles. L'illustration pousse, vigoureuse. A la fontaine artistique, un robinet de plus est ouvert.

Le Supplément coule à flots.

Et c'est une affiche supplémentaire où apparaît chaque semaine, à la première page, un dessin représentant le fait saillant : la guillotine, la maison du crime, la tête de l'assassin,

le portrait de M. le Président ou la physionomie d'un rôdeur.

Chaque journal adopte un genre.

Il y a les pornographies en couleurs avec le
Gil Blas, les mêmes en noir avec la *Lanterne* ; il y a les spécialités pour tricolores
massacres coloniaux avec le *Petit Journal*
et le suprême chic du suicide avec l'*Intransigeant*.

L'autre jour, précisément, l'organe des refroidis volontaires avait sentimentalement mis en
valeur la mort d'une demoiselle. Il s'était com-
plu à montrer de quelle façon une jeune personne, lasse de la vie, pouvait chercher un refuge dans l'asphyxie.

On voyait, mollement étendue sur un lit de
parade, une jolie fillette semblant rêver quelque songe berceur ; près du lit deux grands
cierges brûlaient, tandis qu'une cassolette
posée sur le sol exhalait de légers parfums
qui lentement s'élevaient en transparentes

spirales apportant, sans doute, à l'enfant en-
dormie, l'éternel repos dans une dernière joie.

Les murs de la chambrette étaient tendus
de blanc. Des fleurs jonchaient les meubles...

C'était poétique, c'était gentil, c'était séduisant.

La Mort n'était plus la camarde avec sa
faulx ; l'œuvre de *l'Intransigeant* la rendait
enjôleuse.

Cette façon de dire bonsoir à la compagnie
n'était peut-être pas très vraie, si l'on se re-
porte au misérable suicide auquel faisait allusion le journal. Elle était en tout cas bien
trouvée.

L'artiste qui s'exerce dans le supplément a
bien le droit d'être créateur. Avec un talent in-
qualifiable, le dessinateur avait donné, cette
fois, la recette, la formule et le décor du plus
joliet des suicides.

Qu'importe, si ce n'était pas la scène qui
avait eu lieu ?

C'était la scène à faire.

Et on l'a faite cette scène ; et pas plus tard qu'hier — bien imitée, sans un oubli, — telle qu'elle avait été inspirée.

Une jeune fille de dix-neuf ans, Mlle Louise Nanty, dont les parents sont de modestes négociants établis dans le quartier de Clignancourt, s'est sauvée de la maison paternelle, elle a loué une chambre dans un hôtel meublé de la rue Marcadet, et là, elle s'est donné la mort : elle a vécu le *Suicide sentimental*.

La pauvre, elle aussi, a tendu de blanc les murs de la chambrette — avec les draps de son lit. Des cierges ont brûlé. Le réchaud a jeté, petit à petit, l'essaim des gaz empoisonneurs et elle est passée, l'enjôlée ! pendant qu· se fanaient les fleurs dont les meubles e· le sol étaient jonchés...

Sur une table, un numéro de l'*Intransigeant illustré* attestait l'entrainement dont la faible créature avait été victime :

La Provocation par l'Image...

Patriotisme et Pornographie

Ces deux mots côte à côte sont presque une devise d'époque. Ils résument les tendances les plus clinquantes de notre moderne société : on est, chez nous, en France, le spirituel, le léger, le badin amateur des gaudrioles ; on est aussi — même en civil — l'austère pioupiou, frère du cosaque, prêt à faire son devoir... si on joue *Lohengrin*.

Seulement — et c'est là où se corse l'allure, — il est à peu près impossible de laisser face à ace, sans qu'ils s'insultent, deux spécialistes du patriotisme ; il est absolument chimérique d'essayer de mettre en présence deux travailleurs-poètes de la pornographie sans les voir se jeter à la tête tout le bidet de leur dédain.

Les loups ne se mangent pas entre eux ;

mais les patriotes se dévorent et les pornographes se bouffent !

Ces temps derniers, sans distinction de formats et de titres, toutes les feuilles de conteurs pironesques qui, en avant-garde, allaient vers la frontière, ont été priées de ne pas franchir la ligne des forts de la Meuse. L'ukase belge troussait à la fois des quotidiens et des hebdomadaires, des bi-hebdomadaires aussi, toute la petite armée à laquelle, quoi qu'on en dise, l'*Evénement Parisien* de jadis a donné la note.

Hélas ! dans le malheur commun, les copains eurent, les uns pour les autres, des mots amers.

Et nous avons entendu le rédacteur en chef d'un des journaux incriminés — un quelconque Jules Roques — s'exprimer à peu près ainsi :

— Ce qu'il y a d'embêtant tout de même, pour nous autres artistes, c'est d'être interdit en compagnie si mêlée : tel journal, passe encore ; mais tel canard, vrai ! c'est dégoûtant !

Bien que très amateur des nuances, j'affirme

que ces subtiles différences m'échappent. Ce n'est pas parce que l'on viendra me citer le nom de trois ou quatre célébrités du genre que j'en demeurerai sans réplique. Entre Emile Blain et Marcel Prévost, mes préférences ballotteront.

Vais-je crier haro sur toutes les personnalités que visait une récente circulaire ministérielle contre les journaux, affiches et images offensant la morale publique ?

La morale est assez grande fille — et assez publique, pour que le besoin de ménagements extrêmes ne se fasse pas sentir.

Ce côté m'est indifférent, et les nouvellistes joyeux qui écrivent leurs petites histoires à la bonne franquette auraient tort, je le crois, de renoncer aux revenus que ça leur procure, puisqu'il y a clientèle pour eux. Les sans-prétentions de la gauloiserie parlent d'or et ils ont raison. Uniquement, ce qui me chiffonne, ce qui m'agace, c'est la belliqueuse manie de certains écrivains et de certains pein-

tres et dessinateurs affirmant sans rire qu'ils
font de l'art, pur de toute arrière-préoccupa-
tion, en reproduisant éternellement la femme
nue aux bas noirs.

Une habileté de métier n'idéalise pas longtemps un truc, toujours le même.

Si les pseudo-artistes en question, aujour-
d'hui sensuels ou même lubriques, demain
dans une autre conception se révélaient pen-
seurs, alors oui, l'on pourrait dire que ce sont
les mouvements divers d'un tempérament qui
n'a rien de commun avec celui des fabricants
de cartes transparentes. Mais non, le procédé
est transparent lui aussi. Après les demi-nudi-
tés raccrocheuses et les boniments à sous-entendus, d'autres encore, et toujours et toujours.

Il est impertinent de soutenir qu'il se trouve
une volonté artiste dans ces rabâchages, dans
ce labeur de ruminants.

Ce qu'il y a de voulu, de constamment voulu,
c'est la pose plastique pour la joie des vieux
messieurs, c'est l'allusion grasse pour le déniai-
sement des fillettes.

But chatouilleur.

A l'usage des provinciales romanesques, on tient de galants manuels, précieuses correspondances — psychologies génitales...

Et cela ne prouve qu'une chose : les photographes de Cythère et autres psychologues de Lesbos ne doivent pas, entre eux, se débiner.

Devant l'excitation voulue. tous les pornographes sont égaux.

Quant aux patriotes, ceux qui s'affublent du nom, on aimerait mutuellement les voir s'apprécier.

Est-ce que ces braves gens se connaissent trop ? ils se méprisent.

Ainsi, la plupart des journaux parisiens font campagne contre une petite feuille niçoise ayant pour titre : *Il Pensiero.*

Il paraît que le rédacteur de ce journal, un nommé André, réclame le retour de Nice à l'Italie. C'est là, pour un Italien, une revendication de bon patriote irrédentiste. Malheureusement le signor André est un Français.

Ah ! s'il était étranger, son compte serait vite réglé : un bon petit décret d'expulsion et *Il Pensiero* pourrait aller se faire rédiger de l'autre côté des Alpes. Mais André est Français, sinon de cœur et sinon de naissance, du moins par naturalisation.

On a beau se demander comment l'atteindre, on n'a jusqu'à présent trouvé que l'arme du mépris.

Faut-il l'écrire ? dans la main des patriotes, et en ce cas, cette arme suprême apparaît déloyale. André peut être un ennemi qu'on tente de frapper, non un adversaire auquel on refuse son estime. Moins que tous autres, les chauvins n'ont le droit d'insulter cet homme ; je le dis et le prouve.

Lorsque la Lorraine et l'Alsace revinrent aux Allemands, des Lorrains et des Alsaciens protestèrent, et, pour que leur cri fût mieux entendu, pour que leur action fût plus efficace, ils n'optèrent point, — devenant allemands pour mieux servir la France. Ceux-là, dont quelques-uns se sont faits, au Reichstag, les re-

présentants d'espérances têtues, même en
Germanie, nul ne les a vilipendés. Au contraire leur abnégation, leur courage ont été
lyriquement chantés. Eh bien ! la situation
d'André est la même, il regrette Nice comme
Antoine regrettait Metz, et pour l'un comme
pour l'autre, il est une beauté en la lutte
isolée.

Le niçois séparatiste se déclarant Français
pour combattre seul dans une ville où des haines
terribles l'entourent, André, est un téméraire.

Sa marotte peut être jugée, son attitude com-
mande un égard.

Et le patriote français, le monomane, l'Ho-
race cocardier qui s'équiperait pour le tuer en
un corps à corps sans merci, le chauvin batail-
leur, avant le dernier combat, devrait un salut
à ce Curiace.

Mais que nous sommes loin de saisir les dé-
coratives grandeurs, et comme tristement
ceux qui ont évité le gâtisme des pornographies, échouent dans l'étroitesse des doctrines.

Tant pis, peut-être tant mieux.

Les progressistes en retard jettent de fausses notes et claironnent d'étranges motifs.

C'est le chant du cygne.

Ils rêvent là-bas, dans le lointain de la Méditerranée bleue, l'exécution d'un monsieur, comme eux amant de territoire — un de leurs émules — et, tandis qu'ils rêvent, ils n'entendent pas les jeunes qui montent, chaque jour grandissant leur nombre, les jeunes révoltés qui surgissent — fièrement traîtres à la patrie — et criant de voix vibrantes :

— Assez! plus de sacrifices pour les marâtres, plus de batailles... ou une dernière — et qu'elle soit contre vous !

Le Trône et l'Hôtel

La fameuse crânerie du jeune duc d'Orléans était restée trop longtemps sans faire parler d'elle. Depuis ce hardi retour en France au cours duquel, sous le fallacieux prétexte de demander un fusil — il réclama une gamelle : depuis Clairvaux, où il fut joué de la trompette, le Premier Conscrit de France n'avait plus fait le moindre bruit.

Aujourd'hui, il se rattrape ; et c'est un potin du diable.

Tous les journaux sont pleins d'échos concernant un procès qui va bientôt se dérouler à Londres, procès en adultère où se trouvent mêlés les noms de M. Armstrong, de Mme Melba et de Louis-Philippe, duc d'Orléans.

— Ah ! ah ! dit un vieux légitimiste, sapredienne! il y a du bon; il faut qu'un petit-fils d'Henry IV ait les défauts de son aïeul. Vert galant. Très bien. Vive le Roy !

Se rappelle-t-on cette photographie représentant le duc en redingote, une énorme fleur à la boutonnière, le chapeau gris sur l'oreille, et un sourire bébête ou polisson avec des yeux en coulisse vers une jeune personne qu'il tient par-dessous le bras — et qu'il a l'air de traiter par-dessous la jambe.

Ce gros garçon avec sa face imberbe, son air allumé, et son chapeau mis de travers, donne l'illusion d'un cocher de l'Urbaine qui serait ivre.

Quant à la jeune personne, ce n'est pas Mme Melba, c'est la princesse Marguerite, la douce fiancée qui, accompagnée de la duchesse de Chartres, allait longuement visiter dans sa cellule le conscrit de Clairvaux, c'est une riche pauvrette qui doit être très désillusionnée...

Et, en lisant ce qui s'écrit sur les joyeuses

frasques du royal Collignon, on est entrainé à
se souvenir de cette petite Marguerite que le
duc, de ses doigts courts, effeuillait avec os-
tentation, en une pose pour la galerie.

Un peu... beaucoup... passionnément... pas
du tout !

Vainement des journaux illustrés et d'indes-
criptibles chromos s'employèrent à nous édifier
en reproduisant de touchantes scènes de famille dans un décor de prison.

Rien qu'à la coupe de sa figure, j'aurais pa-
rié cent contre un que le petit-fils d'Henri IV
avait sa place toute marquée parmi les jocrisses
de l'amour.

Par exemple, comme jocrisse, il est distingué.

Presque toutes les capitales d'Europe ont été
témoins des mésaventures du duc d'Orléans.
C'est, à Vienne, où il fut fort mal reçu en se
présentant au théâtre avec sa bonne amie
gloutonnement décolletée. C'est à Saint-Péters-
bourg, où son admiration pour Mme Melba

était si encombrante, qu'un soir où elle jouait dans *Roméo et Juliette*, on dut le faire sortir de la salle du spectacle tellement il y manifestait incongrûment.

Mais le dernier coup dépasse les autres. Il frappe seul. Voilà qu'il va falloir payer cinq cent mille francs au mari dont on a ravi ce que l'on nomme couramment l'honneur.

Un curieux type aussi, ce mari, ce M. Armstrong qui s'est enrichi en Australie dans l'élevage des moutons. Longtemps il accepta sans trop protester la situation de bélier que lui faisait sa femme de concert avec Philippe ; puis, un vilain jour, lassé sans doute du sans-gêne de l'excellent petit prince qui paraissait prendre plaisir à s'afficher constamment avec Mme Armstrong-Melba, l'ancien éleveur se dressa, justicier, avec dans la main du papier timbré. Il évalue l'incident à un demi-million tout rond et, devant les tribunaux anglais, le réclame au *correspondant* de son épouse infidèle.

Dans une toute récente lettre adressée au duc de Luynes, monseigneur Philippe d'Orléans appelle ce dernier coup : le coup fatal du lapin !

C'est que l'héritier de la couronne est à peu près sûr de son affaire. Jocrisse aura beau se rebiffer, il devra casquer quand même. Il y a des juges à Londres qui cotent l'outrage matrimonial. De l'autre côté de la Manche, c'est à la bourse qu'on frappe Don Juan.

Qu'y faire ?

Le digne cadet d'Orléans avait bien songé à nier. Un vieux jurisconsulte de son entourage disait même, hier, dans un journal, qu'on ne réussirait peut-être pas à prouver le délit.

Encore une illusion qui s'est, aujourd'hui, forcément dissipée. Les pièces nécessaires à l'ouverture du procès ont été déposées ; la demande de divorce et de dommages-intérêts est solidement basée sur des faits. Tout a été dûment constaté. On cite le nom d'un hôtel de Vienne et l'hôtel Métropole, à Londres.

Maintenant, quant à conclure en flétrissant

le libertinage des seigneurs, ce serait vieux jeu. Il faudrait monter sur les grands chevaux que j'ai rarement à ma disposition.

L'historiette est plutôt banale, il n'en ressort point d'enseignement.

A moins qu'en féal souvenir de toutes les maisons meublées dont les noms figurent au procès, on modifie l'orthographe d'un très antique cliché qui s'use : le cliché du Trône et de l'Autel.

Mettons l'Hôtel. — Et service compris, Monseigneur...

Energumène

On causera de M. Carnot.

Mais, disons-le vite à ceux que troublerait le rapprochement du titre de cet article et du nom d'un premier magistrat, nous ne brevetons pas l'idée que l'un puisse qualifier l'autre. Il serait certainement peu sage, très déplacé, et par-dessus tout, très faux de prétendre que le président correct et boutonné, dont nous jouissons, soit agité par quelque enthousiasme déréglé à la façon d'un énergumène.

C'est bien quand même M. Carnot qui est sur la sellette...

Je ne sais pourquoi, en parlant de cette haute et maigre personnalité, en songeant à ce monsieur tout de noir vêtu et aux gestes courts semblant tirés par des ficelles, je ne sais pourquoi le mot sellette, petite selle, petit siège en bois, me fait un effet tout drôle.

Positivement, c'est à me croire victime de quelque obsession ; mais, puisque j'ai l'habitude de laisser courir ma plume en toute franchise et naïveté, j'oserai noter les invraisemblables pensées qui me tourmentent, l'horrible vision que j'ai et l'envie de rire qui me saisit au milieu même de l'épouvante : la sellette, la petite selle, le petit siège en bois diminue encore, se résorbe, s'affile en une pointe acérée, et le monsieur maigre, la haute personnalité me paraît s'asseoir sur le pal, avec des gestes courts semblant de plus en plus tirés par des ficelles noires.

Que voulez-vous ? Je ne suis pas de ceux qui ont le respect inné des Bonshommes, j'entrevois toujours les très graves comédiens de la vie en de ridicules postures, c'est plus fort que moi : Louis XIV, le roi Soleil, qui caracole sur la place des Victoires devait avoir une brave tête, le soir, en bonnet de coton...

La Majesté, cette mise en scène, suprême épate des souverains, m'horripile absolument. C'est une pellée de poudre-aux-yeux qui éblouit encore trop de gens. C'est un des derniers préjugés qu'on élève en un mur de respect divin autour de l'Autorité. C'est un fétichisme sans idéal, et plus laid mille fois que les religions prometteuses de ciel.

Aussi, à tous les escaladeurs de pinacles, à tous les trôneurs sur piédestal, j'aime entendre les gavroches crier :

— Descends donc de ton socle, eh! poseur !

Le Quatorze-Juillet, au milieu de la fête, pendant la revue, alors que not' Président, bien grave et point raide, circulait dans sa victoria, saluant par devant, saluant par derrière, avec la grâce qu'on lui sait, il entendit tout à coup résonner, par deux fois, à ses oreilles :

A bas Carnot !

Les journaux nous ont reporté, le lendemain, que deux forcenés, l'un de vingt-trois ans,

l'autre de vingt-cinq, avaient poussé des clameurs séditieuses sur le parcours du Président, et ils ajoutaient, les journaux : on a
arrêté les deux énergumènes.

Un seul point me surprend, c'est qu'on ne
les ait pas lynchés, comme, il y a quelques
années, ce malheureux inventeur qui, pour
fixer l'attention, tira un coup de pistolet en
l'air, alors que la rue était encombrée par le
landau présidentiel.

Le passage à tabac, en arrivant au poste, a
dû être assez Premier Mai.

Les brigades centrales qui badinent avec l'a-
mour en pourchassant, arrêtant et violentant,
même les honnêtes femmes, ne badinent jamais avec ces petites histoires-là.

Des coups de bottes aux manifestants : et
pigne, et paf, et pan... attrape ça, l'énergumène !

Il est sévèrement apprécié de s'en prendre
au chef de la nation : on est resté monarchiste.
A l'état latent, il y a le crime de lèse-majesté.

L'action de ces deux jeunes gens est par les uns jugée pendable cas : Y a pus rien ! sont-ils prêts à s'écrier, tandis que les philosophes libéraux se contentent d'apprécier l'incident comme une équipée de gamins.

Je crois, moi, qu'on y doit sentir autre chose.

J'ai souvenance : étant à Naples, lors de la visite de l'empereur d'Allemagne, je me promenais par la ville pavoisée, avec l'ami qui signe Brodjaga ses curieuses chroniques sur les bas-fonds des provinces méridionales italiennes. La foule grouillante roulait sur la via Toledo et débouchait comme une marée montante sur la piazza Reale ; un brouhaha de voix indistinctes et dans des bousculades folles comme l'élévation générale de toutes les têtes, avec la sensation que tout ce monde se dressait sur toutes les pointes de pieds : le cortège des souverains était annoncé. Sur la chaussée déblayée par des agents de ville, les cuirassiers s'avançaient en bon ordre, puis venaient dans un carrosse attelé de quatre chevaux, le roi d'Italie et à sa droite l'empereur d'Allemagne en cuirassier blanc... Et c'étaient des vivats, et c'étaient des fleurs, et c'étaient des baisers — l'aplatissement d'une race devant un homme.

J'ignore comme certaines déductions se pressèrent subitement, mais à un moment donné, porté par la foule jusque près le landau royal, je m'élançais en avant, criant à pleins poumons :

— Abbasso ! Abbasso l'imperatore !

Brodjaga, lui, s'était cramponné à la voiture et les deux souverains durent sentir son souffle sur la face quand il répéta :

— Abbasso! Abbasso !

Naturellement nous fûmes cueillis aussitôt, plus ou moins ligotés et prestement conduits à la questure. Ce en quoi on nous rendit gentil service, car je doute fort qu'il eût fait bon rester en cet instant parmi la plèbe napolitaine.

Il ne faudrait pas que la chauvinerie, pour

cela, me fasse risette ; je sais bien qu'à l'étranger on aime plus fort la patrie — loin de la
geôle, parfois, le forçat a la nostalgie des prisons — mais je sais bien aussi, mais je sais bien
surtout qu'en notre mouvement spontané, ce
n'était pas l'Allemand que nous visions, c'était
l'Empereur, le demi-dieu !

Et je conçois — suggestif, dans un pays s'in-
titulant républicain, le passage en calèche du
monsieur rigide qu'entoure l'apparat souverain.
Parmi les acclamations, il parade, ce matador
qui garde, contre un peuple, le moyenâgeux
droit de grâce — puissance de tuer au petit
malheur des digestions mauvaises. Rapidement
viennent à la pensée les laideurs d'une société,
un mouvement de l'esprit éclôt qui fait synthé-
tiser ces laideurs dans ce citoyen qu'on exalte,
— une voix s'élève :

A bas cet homme !

Je me demande même, en franchise, comment
l'occasion venue, j'aurais salué M. Carnot ? A
bas l'empereur ! mon cri de Naples, s'adresse à

tous les chefs d'orchestre de nos sociales caco-
phonies.

Qui sait si je n'eusse pas dit comme l'énergumène de Longchamps ?

Au pied de la Guillotine

Voici quelques nuits, la place de la Roquette est envahie par une foule composée d'éléments divers ; mais ayant le but commun d'assister à l'épilogue du drame de Courbevoie. C'est la foule des chercheurs de sensations, des curieux, des malandrins, des vagabonds et même des doux philosophes. Foule élégante, dépenaillée, foule aux plus fantasques bigarrures. C'est le public des premières et des dernières.

Vers les deux heures du matin, régulièrement, on opère des charges sur la place, on opère aussi des arrestations. Les bons sergots n'ont-ils pas appréhendé M. Bauquesne, le directeur de la prison !

Définitivement on croyait que la sanglante représentation aurait lieu au plus tard hier

samedi et cependant rien encore... Pour les
héros du drame, le supplice de l'échafaud se
corse des tortures de l'attente.

On leur fait la bonne mesure.

Cette attente ainsi prolongée paraît le raffi-
nement de cruauté que dose je sais quel sire
triste.

Quand on songe à l'ennui qu'on éprouve en
posant vainement pour un rendez-vous, quand
on pense à l'agacement qui vous prend de chercher le mot qui flirte et fuit, quand on entend
narrer les cauchemars des nuits aux lendemains menacés par les plus petites disgrâces,
les réveils en sursaut, les cris dans le sommeil,
les sueurs et les angoisses causées souvent par
des pusillanimités tant secondaires, quand on
songe à tous les effrois devant les futiles fan-
tômes d'idées, on peut bien imaginer les
affres intenses de ces trois êtres que Deibler
guette...

Les lenteurs des bureaux, des commissions
et surtout de M. Veto ne s'expliquent pas, ne

peuvent pas s'expliquer. Si, non préméditées,
— ce sont allées et venues inutiles, mala-
droites, fausses manœuvres d'équarisseurs in-
souciants.

Je n'ai présentement l'intention de dire tout
ce que me met en l'esprit la triple exécution
imminente, je suis retenu par cette pensée :
le crime légal pourrait cependant ne pas avoir
lieu. Cette fois-ci, M. Deibler, M. Carnot, peut-
être refuseront de trancher ou de signer. Tout
est possible et tout, normalement, devrait sembler moins improbable que cette vengeance vile :
la peine de mort préparée comme un guet-apens.

Avant de conclure j'attends, moi aussi. Et
m'en vais seulement fixer les idées s'échan-
geant autour de l'échafaud qui reluit et ouvre
ses bras.

Bientôt la machine aura sans doute déclan-
ché son couperet : la vie d'une vieillarde et de
deux gamins se répandra rougement — ce sera
l'heure de montrer les visages vertueux qu'écla-
bousse la libation des suppliciés.

A côté de la Société — vite nommée — il y a de nettes et personnelles responsabilités.

Nous les ferons toucher du doigt.

Cette époque raffinée culbutera ignominieusement.

On dira que nous enfermions certains malades dangereux dans de sombres cellules où, durant de longues nuits, leur parvenait du dehors le bruit de la foule accourue pour leur final supplice. On dira qu'on prolongeait cette agonie pendant des semaines et des semaines. Et les hommes de ces temps futurs verront ce que personne ne veut voir aujourd'hui. Ils se représenteront des êtres voués à la mort prompte et vivant leurs derniers jours comme de longs siècles : pis que l'épée de Damoclès, l'inévitable couperet du bourreau! Est-ce tout de suite ou pour demain ? Et les cheveux hérissés et les yeux agrandis et les peurs folles dans les tragiques obscurités, les concentrés désirs de fuite, un trou de souris où se fourrer. Et les murs cercueils résonnant sourds des coups de tête qui désespérément s'y frappent...

Notre hypocrisie semblera seule au niveau de la barbarie de nos mœurs.

Et quelle hypocrisie!

Les journalistes eux-mêmes avec leurs feuilles se voilent la face. Ils ont des apostrophes indignées pour cette foule qui vient assister à la dernière seconde des condamnés. Ils parlent de rastaquouères qui ont l'audace de se faufiler à côté de la presse, pour contempler l'odieux spectacle — ils disent aussi spectacle malsain! — et ils ne réfléchissent pas, les pauvres! que c'est leur attitude approbative et complice qui le laisse se dérouler, ce spectacle. Ils ne réfléchissent pas que c'est à pleines colonnes de leurs journaux qu'ils font la publicité pour ces drames.

Et, vrai, elle a raison d'y assister, la foule. Elle verra. Et dans un suprême écœurement, un jour elle s'opposera aux représailles assassines.

De par la loi, les exécutions doivent être publiques : des demi-mesures en pareil cas c'est
encore de la lâcheté. Les reporters, en leurs
papiers, ne donnent jamais l'impression qui
doit se dégager plus haute ; que la multitude
se rende au sacrifice et l'instant viendra où
elle protestera tout haut.

Les nuits d'été sont lourdes. Dans les
petites chambres on dort mal : qu'elle aille
place de la Roquette, la foule — c'est la Veillée de la Guillotine.

MM. Bourreau, Président & Compagnie

On vient de condamner à quinze jours de prison une personne appelée Valentin Pauchard qui, le jour de l'exécution de Berland et de Doré, s'était permis d'interpeller en termes peu corrects le grand premier rôle Deibler.

Lorsque l'incident s'est produit, M. Pauchard, qui exerce la profession de tourneur en optique, n'était nullement en l'état que son nom indiquerait crûment... M. Pauchard ne l'était pas. Il avait tenu à se rendre, avec quelques camarades, à cette veillée de la Guillotine dont nous parlions la semaine dernière et, on peut le dire à sa louange, il ne hurlait pas avec ceux qui, déçus de constater seulement deux victimes, réclamaient cet extra : la tête de la veuve Berland. Ceux-là, on les a laissés bien tranquilles. Donc Pauchard et ses amis, parmi la foule des indifférents, des sanguinaires et des salariés, constituaient un petit groupe quasiment protestataire. Aussi lorsque l'Exécuteur, escorté de ses acolytes, traversa la masse compacte du public pour se rendre à sa besogne, c'est par une exclamation de : Voilà l'assassin ! que le vibrant opticien, doué de bonne vue, l'accueillit.

Eh quoi ! l'assassin, lui, Deibler ?

Les gendarmes et les sergents de ville n'eurent pas longue hésitation : après une légère assommade sur place, ils entraînèrent le malencontreux manifestant au bureau du commissaire. Procès-verbal fut dressé avec les habituelles fioritures policières d'insultes aux agents et la condamnation au demi-mois d'emprisonnement se trouva résulter de tout cela, le plus naturellement du monde.

M. Deibler était vengé.

Ces quinze jours de clou, destinés à mettre un baume au cœur sensible du bourreau, sont suffisants à ce point de vue ; mais le délinquant s'en tire à trop bon marché si l'on veut considérer tous ceux que venait flageller sa brutale apostrophe signifiant qu'un crime allait se commettre, cynique en toutes les lâches complicités.

Sans doute le méchant accusateur avait perçu dans le jour naissant, blafard, deux enfants terribles et terribles enfants que toute une foule poussait sur la bascule pour faciliter le tranchage au bon Deibler.

Eh bien ! cela était outrageusement vrai et il n'aurait pas fallu qu'on le pût dire avec autant de relative impunité. C'est encourageant pour d'autres et, si les francs-parleurs tombent dans la licence, où irons-nous ?

Personnellement, inutile de le souligner, je n'en suis pas effrayé ; mais j'exprime ce que devraient conclure les seigneurs de la queue de la poêle.

Certains rapports se formulant, c'est un édifiant symptôme.

Et quelles analogies s'établissaient l'autre matin :

Deux garçons, et tout jeunes, petits, sur la grande place déblayée, petits garçons, des fous! allant à pas petits, menus par les entraves, allant leur route vers le but proche et sanglant. Pas d'arrêt sur le chemin. Ou bien, seul, le temps d'embrasser le prêtre et : en marche! Pas d'arrêt et c'est à la mort. Et les gendarmes ont sabre au clair. Et le public privilégié salue en coups de chapeau maniérés. Et les deux garçons trébuchent le rapide sentier, dévalent, arrivent au bas de la guillotine...

Alors, un regard en arrière :

Eh donc ! personne qui fasse un signe, on va se noyer ici, qui tend la main ? allons ! on va mourir, mourir le cou rouge, sans tête ! et personne, nul...

Quand, le soir, un pante dégringole, suriné par un crève-la-faim malhabile, encore il espère, encore il croit à la possible et protectrice intervention, l'assassiné à demi ! son dernier souffle est le cri d'au secours ; qui sait ?... Ici, rien, inutile l'appel et grotesque l'espoir. Tous compères, gendarmes, sergots, magistrats, foule et bourreau. C'est comme si, bien placé sur quelque tertre des fortifs, on assistait passif à l'esquintement d'un tout faible par de très forts et cruels hommes. Rien à faire. Le dernier regard, le dernier regard du martyrisé ne se cramponnera pas à un autre regard compatissant. Repoussé le regard comme repoussé l'être:

À la bascule, le petit garçon !

Du sang, du sang, il en faut, et tiens-toi bien ! toi qui vas mourir.

Ne fléchis pas.

Ne butte pas même ; les reporters te guettent. Une belle mort, voyons ! c'est de la réclame, demain, pour ton corps sans visage que déchiquèteront les savants graves... Aux courses de taureaux, l'animal qui flanche est sifflé — marche d'un pas sûr, fais-nous plaisir... Mourant, donne-nous quelque chose.

Dans tous les crimes accomplis ou rêvés, il est ainsi degrés et degrés.

En le cas de l'exécution capitale, si répugnant qu'apparaisse le M. Deibler, ce n'est pas lui qui fait mouvoir en grand chef l'anguleuse machine.

M. Carnot peut à son gré disposer de l'existence de certains êtres : le droit de grâce. Il peut prononcer : qu'il vive ! et il assume : qu'il meure !

Le président de notre république ne veut pas, comme son prédécesseur, justifier le titre de père des assassins. S'il a un nom dans l'histoire ce sera celui de protecteur du bourreau.

Ce n'est pas lui qui commet la première condamnation : robins et jurés s'en chargent généreusement. Ce n'est pas lui qui perpètre en second ressort : les commissions ont leur légendaire implacabilité. Mais, après toutes ces cérémonies, il n'y a rien de dit.

Le problème se repose entier.

A la merci d'un autre homme, un misérable se trouve. Tout le reste peut être annulé. La véritable condamnation va être lancée...

Alors, très détaché — très détacheur — l'effrayant magistrat reçoit des avocats; compulse des dossiers, prend le vent de ce que gueule la foule, et conclut avant de partir pour la campagne :

— Vous couperez encore ces deux têtes.

Car c'est ça, c'est ça avec plus ou moins de formes.

Horrible triage à faire, écœurant... Et quelles femmes et quels enfants sont donc les femmes et les enfants de ces grands bonzes privilégiés aux divins droits, quelles femmes et quels enfants qui suffisamment n'intercèdent pas pour les enchaînés, sanglotant aux pieds des guillotines ?

Quels entretiens familiaux ! la Présidente interrogeant :

— Eh bien ! Sadi, ce malheureux ?

Et Sadi répondant :

— Pour demain matin, ma toute bonne amie. Oui, vois-tu, il n'y a pas moyen de faire autrement... devoir... responsabilité... et Fontainebleau après-demain ...

Vers les quatre heures vingt-huit du matin par exemple, s'il s'éveille en sursaut, le Président, rêvant que c'est lui qui fait fonctionner — directeur technique — le coupe-cou breveté, il aura, au moins une fois, une impression juste.

Quant à cette autre tuerie de Saint-Mandé, où un mécanicien semble avoir joué les Deibler, il n'est grand'chose à en dire.

C'est un fléau épouvantable, mais moins grave et moins ravageur cependant que l'influenza.

Si l'on voulait causer, ce serait en regardant la manière dont le drame a été exploité par les uns et les autres : les larmoiements de la copie et les éditions spéciales, l'assurance aux victimes des accidents et tant d'autres petits faits d'un entrain macabre parmi lesquels on ne devrait pas omettre les démarches du monsieur qui, au nom de la Compagnie de l'Est, va visiter les parents des victimes et s'attache en d'habiles ententes amiables à éviter ou à rogner les dommages-intérêts légitimement réclamables.

C'est encore la même caractéristique.

Comme le chef de l'État, comme l'automatique séculier, la grande Compagnie a des tendances à se laver les mains selon la façon de Pilate.

Et c'est toujours dans du sang.

Le Temps des Epingles

Il n'y a pas bien longtemps, un jour, à la foire, tous les ânes s'appelaient Martin. Voici que, cette semaine, une série de bijoutiers, plus ou moins en vedette, se nomment tous de la même façon.

La joaillerie, c'est un bloch !

Nous avons eu, par une dame élégante, le vol de la chaîne en or dans le magasin d'un bijoutier Bloch.

Puis le coup du collier de Léonide — ce dernier coup de collier pour parfaire la retraite. Là aussi un Bloch émerge, deux ou trois Bloch même, MM. Bloch frères, marchands de diamants.

Enfin le Bloch Suprême, cet autre marchand de diamants, pour qui les épingles n'ont plus

4

de pelotes secrètes ; ce Bloch, enfariné de six mois de prison, et attendant anxieux, dans sa cellule, attendant hélas ! en vain, quelque réhabilitante chronique d'un de nos confrères boulevardiers...

Du reste le condamné d'hier n'a pas à se plaindre des journaux. Il a eu plutôt bonne presse.

Aucun inexorable n'a levé la plume contre lui.

C'est un fou, s'est-on contenté d'écrire. Pauvre riche vieux diable qui en était réduit à martyriser des filles pour accommoder les restes de ses sensations.

Et de même que l'on souffre au concert, quand le cabot époumonné paraît ne pouvoir arriver jusqu'à la ritournelle, le public semblait éprouver un certain malaise quand il apprenait combien était accidentée de soupirs, de bémols et de martinets cette gamme essentiellement chromatique, si difficilement solfiée par le fatigué Bloch.

Les bonnes âmes dans les corps séniles en étaient essoufflées par contre-coup. L'histoire était trouvée raide sans l'être. Et l'on commentait les parties du jugement où sont relatées, comme en un ordre du jour, les singulières manœuvres auxquelles se livrait l'ex-territorial Bloch avant de passer aux exercices de tir.

Un des attendus les plus appréciés était celui où il est dit que Bloch fit agenouiller devant lui une demoiselle Buron et qu'alors « il prit des épingles dans une sébile, et lui en enfonça profondément, à deux centimètres environ, une centaine dans les seins, les fesses et un peu partout ; ensuite, ayant lié un mouchoir en triangle, il le fixa sur ses épaules avec une vingtaine d'épingles, la pointe entre les seins, et le tira violemment ; puis il lui arracha avec les doigts des touffes de poils, lui serra fortement le bout des seins, lui flagella le corps avec un martinet, et, après l'avoir ainsi torturée pendant plusieurs heures et exigé d'elle une figure souriante, il consomma un rapprochement sexuel ».

Enfin ! ça n'a pas été sans peine pour la petiote, mais il a réussi tout de même.

Pauvre vieux, va !

N'empêche que Bloch est pour la moitié d'une année à l'ombre. Ce n'est pas moi qui le plaindrai.

Les entrainements sensuels sont pour nous rarement crimes. Dans les veines, le sang bat parfois de tumultueuses charges. Il est des tourmentés auxquels on ne doit pas jeter la pierre.

Rabaroust lui-même, ce magistrat accusé de trop aimer les enfants dans la solitude des forêts, Rabaroust peut n'apparaitre que comme un misérable tourmenté.

Bloch, lui, c'est un tourmenteur.

Il ne s'agit pas uniquement de l'acte reproché. C'était un marché, une entente, une prostitution consentie et je ne partirai pas en guerre pour la défense de la donzelle acceptante et récalcitrante tour à tour. Mais je veux montrer quel peut être cet individu dont toute la joie est de regarder souffrir une gueuse.

Sadisme? Le mot passe sans en dire assez.

Et je veux que l'on pressente chez ce bourgeois féroce toutes les latentes malfaisances; il faut que l'on sente bien que cet assoiffé de tortures a dû rêver tous les massacres : la vue de la catastrophe de Saint-Mandé l'aurait délecté; peut-être, s'il l'avait pu, l'aurait-il causée, cette catastrophe — et, sur le talus, dans la nuit sinistre, il eût joui le viol de quelque fillette blessée...

Sale temps, que le nôtre!

L'autre jour, à la terrasse d'un café où je me trouvais, un homme presque bien vêtu, ganté, s'approcha ; sans dire mot il prit au revers de sa redingote quelques épingles et une à une se les enfonça lentement dans les joues, puis grimaçant un sourire, l'homme resta épiant, appelant, quêtant pour ainsi dire sur les visages un petit rictus approbatif. Après cette quête-là, une autre naturellement et tout le monde donna deux sous.

Le déclassé qui faisait ainsi bonne recette connait les penchants secrets de ses contemporains; il se dit, ce philosophe :

— Après tout, ils aiment ça, puisqu'ils payent. Allons, encore une piqûre, encore une douleur et que j'y gagne ma vie. C'est le temps des épingles !

Pour en revenir au marchand de diamants, non seulement c'est une brute cruelle ; mais c'est un imbécile.

On lui demande un peu d'argent, à ce richard, alors il perd la tête et file chez le commissaire.

—On tente de me faire chanter, gémit-il.

Et cela lui parait tellement scandaleux, tellement énorme, qu'il veut livrer des coupables à la justice. Il donne des signalements, fournit des détails, et finalement se lance dans la bouche du magistrat.

Si la gueule du loup s'est refermée, c'est bien fait.

Facilement ce Bloch aurait pu l'éviter, le

bloc ! Qu'est-il venu parler de chantage, ce ri-
goleur aux sanguinolantes caresses ?

Il n'avait qu'à payer sans bruit.

Après la danse des épingles, si l'on m'avait
demandé sérieusement : Que vouliez-vous qu'il
fît ? j'aurais répondu :

— Qu'il chantât !

Gardons la pitié pour d'autres.

Ce fol à la furie piqueuse n'était pas un malheureux, un sans-le-sou à qui la privation et
l'abstinence peuvent donner tous les vertiges.
C'était un monsieur bien, un important personnage, un thésauriseur de millions, un Implacable évidemment.

C'était un ennemi à nous.

C'était un seigneur — ce saigneur !

Ceux-là, les Lois qu'ils aiment ne les frappe-
ront jamais assez.

Un Procès d'Anarchistes

Les reporters illettrés qui travaillent dans la chronique judiciaire ne sont certainement pas des aigles — ils écrivent avec des plumes d'oie.

Leur verve, qui se concentre en un liebig de pornographie aimable pour les jours de procès scandaleux, les abandonne complètement alors que le débat est grave, alors que, par delà l'interrogatoire étroit des prévenus, s'élèvent de fières affirmations.

A force de s'asseoir au banc de la presse — si voisin de celui des accusés — il est admissible qu'on devienne sceptique. Ces messieurs de la Judiciaire n'en devraient point pour cela perdre leur unique raison d'être : cette qualité d'informateurs pour laquelle, quand ils ne les payent pas, les directeurs

de journaux leur donnent des billets de café-
concert.

Or, il y a d'habitude comme un mot d'ordre
pour faire le silence autour des procès d'anarchistes, et, quand forcément l'on en parle, il y
a encore une façon de mot d'ordre pour fausser
l'allure des débats et la physionomie du procès.

Dans la parlotte, pendant les suspensions
d'audience, l'accord parfait se trouve dans un
dernier esquintement hypocrite des accusés.
Le public reste ininstruit des cris, parfois su-
perbes, lancés par ces beaux illuminés qui
songent plus à jeter les semences de leur
conviction qu'à défendre leur vie.

Aujourd'hui la foule sait mal ce que sont les
trois héros de Levallois-Perret.

La version perversement répandue est à
retracer :

Le premier mai, dans la banlieue de Paris,
mal gardée par la police, des manifestants rêvant le pillage et le meurtre, ont tiré sur de

braves agents et en ont blessé deux. — Les blessures, quoique légères auraient pu être très graves... Parmi les agresseurs, trois ont été arrêtés, ce sont les nommés Decamp, Dardare et Léveillé. La cour d'assises les juge ; le président a le bon goût de leur imposer silence lorsqu'ils tentent d'exposer leurs théories, — sorte d'idéal bizarre où ils ont l'audace de parler d'humanité, comme si ces tigres étaient des hommes ! La cour d'assises les juge, les condamne et c'est très bien !

Après les insinuations perfides et les silences voulus, après les reptiliens comptes-rendus, une page vraie est nécessaire. Il faut que se silhouettent hors de l'ombre les trois Insoumis aux yeux clairs.

Decamp : trente ans, brun, tête énergique, parole martelée.

C'est lui que l'accusation vise principalement et présente comme une brute sanguinaire. Et pourtant nous allons savoir que cet homme, gagnant à peine deux francs cinquante par jour, a femme, trois enfants et un hôte de six ans que le vagabondage guettait.

Il parle net, cet ouvrier, qui est encore un philosophe et mieux qu'un orateur en ses répliques vives.

C'est quelqu'un.

Trois ou quatre jours avant le premier mai, dans une réunion publique, il avait conseillé à ses camarades ou bien de ne pas prendre part à la manifestation ou bien d'y aller avec des armes: ne se mêler de rien ou ne pas recevoir impunément les coups de botte et les coups de sabre des sergots.

Trop longtemps la fuite devant les brutalités policières avait attristé les espoirs.

Ainsi qu'il l'avait conseillé aux autres, Decamp, puisqu'il se décidait à sortir ce jour de premier mai, s'arma comme il put. Il prit sur lui un poignard et un revolver, vieux pistolet digne d'une panoplie, revolver géant beaucoup plus imposant que maniable.

Dardare et Léveillé, les autres accusés, aussi s'étaient armés.

... Lors, sous prétexte de saisir un emblème séditeux, des sergents de ville font irruption dans le cabaret où les trois compagnons étaient tranquillement attablés, loin d'un groupe de manifestants à drapeau. Quand après une courte bagarre ces derniers eurent fui avec leur chiffon, quand les gendarmes à cheval furent accourus sabre au vent, ce sont eux, les trois compagnons, les sans-drapeau, ce sont eux seuls qui — contre dix, s'en vont lutter.

Decamp, quittant le café, fait un pas dans la rue.

Les gendarmes tirent. Le brigadier de gendarmerie décharge cinq fois son revolver.

Decamp riposte.

Maintenant il a brûlé ses cartouches, son poignard est tombé de sa poche, il bat en retraite. Un agent, baïonnette au canon, lui barre le chemin et cherche à l'embrocher. Decamp réussit à parer les coups et saisissant la baïonnette, désarmant l'agent, il tient encore pied jusqu'au moment où n'en pouvant plus, perdant beaucoup de sang, cerné, attrapé à bras-le-corps il succombe enfin sous le nombre.

Pendant que cette scène se passait, Dardare, frappé d'un coup de pointe, roulait piétiné par les chevaux des gendarmes.

Léveillé, blessé à la jambe, cherchait refuge dans une maison voisine, mais, guidés par la trainée sanglante laissée derrière lui, les agents l'arrêtaient bientôt.

Dans le clan policier il y avait aussi des blessures. Deux sergents de service se targuaient d'avoir essuyé quelques balles. Au surplus ces blessures n'étaient pas dangereuses : l'un comptait une balle au côté, laquelle s'était arrêtée dans la poche de son gilet. L'autre, éraflé à l'oreille, se plaignait de chaleur à la joue.

Les souffrances qu'ils éprouvaient ne devaient pas être bien absorbantes, puisque nous allons retrouver, au commissariat, ces gardiens de la paix se livrant aux fatigants excès du classique passage à tabac.

Nul ne dira plus que les saboulades dans les postes sont des légendes malveillantes. Tout

5

ce que l'on pouvait soupçonner ne joint pas la réalité.

Quand, saignants et ligotés, les trois hommes furent enfermés dans le poste, ils ne s'y assoupirent pas longtemps ; les agents s'empressèrent de leur rendre visite et voici ce qui se passa : à coups de pied sur l'os des jambes, à coups de poing dans les poitrines haletantes, à coups de crosse de revolvers sur les crânes endoloris, ce fut la danse des vaincus ! On les frappa, les malheureux, en un acharnement, en des raffinements turpides... La bande policière avec une joie féroce tortura. Et lorsque lasse elle s'arrêtait, c'était pour, une demi-heure après, recommencer la séance. Cela dura tout le jour de l'arrestation et se répéta d'autres fois encore.

Les yeux pochés, la tête enflée, méconnaissables, le corps meurtri, l'être brisé, les pauvres garçons n'avaient plus de force pour résister. Ils restaient inertes sous le coup de poing, comme sous le fouet des insultes... Leurs blessures s'envenimaient et, pour laver leurs plaies, on leur refusait de l'eau !

Un mois après le drame on n'avait pas retiré
de la jambe de Léveillé, la balle qui pouvait
lui donner la gangrène...

Ces tempéraments de fer ont repris le des-
sus. Au banc des accusés ils se dressent ac-
cusateurs et les agents qui défilent en témoins
baissent les yeux devant eux.

Decamp, Dardare, Léveillé !

Entendez-vous ce qu'il y a d'alerte en ces
trois noms ? On les croirait noms de guerre. Ils
résonnent : cri de bataille.

Decamp, Dardare et Léveillé !

Ils sont là, du tac au tac, répondant au président comme ils ont répondu coup pour coup
aux revolvers des gendarmes.

Ils ne se disculpent pas.

Ils revendiquent leurs actes ; seulement ils
prouvent qu'ils n'ont frappé qu'en riposte :

— Alors, s'écrie Decamp, je voulais sauver
ma vie et ma liberté que menaçaient vos agents
ivres... à présent ça m'est égal. Vous pou-
vez me guillotiner, j'aime mieux ça ; j'en ai

assez de vos prisons et de vos bagnes. Qu'on coupe ma tête. Je ne la défends pas, je la livre en criant : vive l'anarchie ! Que fait une tête de compagnon de plus ou de moins, pourvu qu'elle se propage, notre belle Espérance...

En vain le procureur Bulot, un monsieur d'orang-outanesque figure, essaye-t-il d'accabler les accusés et d'hypnotiser le jury en brandissant le revolver de parade qui servit à Decamp. Le meilleur argument qu'il trouve est de rappeler que les socialistes — des gens pratiques pour lesquels il garde toute son estime — ont eux-mêmes expulsé les anarchistes du congrès de Bruxelles. Il serait donc logique d'expulser les prévenus de ce monde et le magistrat rouge demande en conséquence la mort des accusés.

Au tour des défenseurs : Me Lagasse jette un émouvant appel à la justice. Me Allain, sobre et concis, prononce ensuite quelques paroles qui, plus terre à terre, portent quand même.

Cependant Decamp, Dardare et Léveillé veulent dire un dernier mot. A la barre aussi bien qu'à la tribune de la réunion publique, comme à l'atelier, comme au cabaret, les propagandistes, les apôtres cherchent à faire des prosélytes et l'on assiste à ce spectacle : des hommes oubliant l'enjeu de la partie qu'ils jouent pour rêver tout haut leur rêve humanitaire...

C'est fini ! Le président s'impatiente — sans doute quelque rendez-vous à la sortie. Brutalement, il coupe la parole aux compagnons et le jury se retire pour délibérer.

La conclusion : cinq ans de prison pour Decamp, trois pour Dardare et l'acquittement pour Léveillé.

Au revoir, les camarades ! s'écrie Decamp que les gardes entraînent. Et du fond de la salle les voix des camarades répondent :

— Au revoir !

Sans apprécier le verdict, voici donc ce

qu'ont été les débats et comment se sont montrés les trois jeunes hommes de Levallois-Perret.

La bonne presse peut à son gré transfigurer, maquignonner ces débats. Déjà certaines feuilles socialistes ne se gênent pas et n'est-ce point dans l'une d'elles que j'ai lu cette phrase : « Les renseignements recueillis sur Decamp et Dardare sont déplorables ; le premier a subi cinq condamnations et le second a été condamné pour vol » ?

Pour que rien ne reste sans réplique, il faut qu'on le sache : les condamnations de Decamp sont les procès-verbaux de faits qui vaudraient parchemins de noblesse — il s'est révolté, ce généreux, contre des abus de pouvoir et de force. L'injustice l'a trouvé protestataire vigoureux, don Quichotte peut-être... et c'est tout.

Quant à Dardare, beaucoup plus grave : il s'agit d'un vol et accompli dans des circonstances particulièrement cyniques. Un jour, au Quartier latin, je crois, le compagnon ayant

fêté, verre en main, le retour d'un camarade,
était d'une gaieté folle ; il n'inventa rien de
mieux que de prendre à la terrasse d'un café,
une table mesurant quelque chose comme
deux mètres et de la porter subrepticement
de l'autre côté de la chaussée.

Cette fumisterie d'un goût douteux, mais
d'une exécution classique au Quartier fut taxée
tentative de vol. On a voulu supposer que
Dardare emportait la table à sa petite chambre
de Clichy...

Revenir sur de pareilles histoires et prendre
un plaisir malin à les signaler, c'est ne saisir
jamais que le mesquin côté des choses. Piètres !
les gens qui n'ont vu que cela dans le procès
d'hier.

Mais que peuvent d'obtus reporters...

Decamp, Dardare et Léveillé ont bon
torse.

L'Idée aussi est large d'épaules et solide de
tête.

En suite du passage à tabac par les sergots,

n'est-il pas séant qu'à leur tour, les journa-
leux se mobilisent ?

Le dernier passage à tabac, c'est l'honneur
des flics de la presse.

Athanase Ier

Attendons-nous à recevoir, un de ces jours à Paris, l'ambassadeur d'une nouvelle puissance.

Le loyal Athanase, chef des partisans qu'il a réunis sur les bords de la mer Noire, vient en effet, non sans une appréciable majesté, de faire acte de souverain.

Après avoir dévalisé un certain nombre d'individus il a, en maître absolu, écrit, à l'ambassade d'une grande nation, que son bon plaisir était de retenir ses victimes prisonnières ; même il les mettrait à mort si dans un délai, plutôt bref, il ne lui était compté la somme respectable de deux cent mille francs en louis d'or.

L'ultimatum était très net. Athanase traitait avec l'empereur d'Allemagne, en la personne de son représentant, de puissance à puissance.

Les héritiers présomptifs des malheureux capturés pensaient déjà que l'heure des larmes crocodiliennes était sonnée ; jamais l'Empereur-Roi ne consentirait à entrer en pourparlers avec le Fra Diavolo du Caucase !

Ce qui paraissait si improbable s'est réalisé pourtant. Je n'insinuerai pas que ce sont les héritiers qui ont envoyé l'argent. C'est, en tout cas, l'empereur d'Allemagne qui l'a fait porter.

Quand je dis l'empereur d'Allemagne, je pourrais ajouter le sultan des deux Turquies, car, si l'ambassadeur allemand est intervenu dans l'intérêt de ses nationaux, les autorités turques ont dû contribuer à ne pas faire tourner plus au tragique les incidents déroulés sur leur territoire.

Il y a donc d'un côté, la Sublime Porte et la Germanie, les armées puissantes, les polices, les gendarmeries, les finances, les diplomates, tous les crâneurs des coups de force, tous les

maniaques de la forme. De l'autre, une poignée
d'irréguliers : un souriant jeune homme au
pittoresque costume, au yatagan subtilement
menaceur, puis autour du chef quelques camarades à lui, de très braves garçons incontesta-
blement.

Très braves, c'est plus que prouvé quand ils
attaquent un train. Très peu banals, c'est évident
quand ils trouvent moyen de rester vain-
queurs sans faire de sanglantes hécatombes et
en ne portant une main irrespectueuse que sur
les coffres-forts trop garnis dont ils ont peut-
être indiqué le définitif Sésame !

Deux cent mille francs ce n'est pas grand
chose, ce n'est même à premier regard pas assez.
Les bons bourgeois touristes en mésaventure à
Tcherkeskoï valaient plus que ça... surtout
après l'accident.

Les hors la loi sont d'ordinaire peu exi-
geants, ce qu'ils veulent c'est le droit à l'existence, ils ne rêvent pas thésauriser, l'argent
qu'ils viennent de recevoir ils le dépenseront

galamment pour vivre et faire vivre les gueux qu'ils trouveront sur leur passage. Aux riches ils disent : donnez !... aux dépourvus : mangez !

C'est du socialisme et plus pratique que celui de la Conférence de Berlin ou de l'Encyclique pontificale.

Ceci constaté, l'agression des partisans, leur façon d'agir après la victoire est, en somme, le point assimilable avec l'allure des grands de ce monde.

Tenir ce discours à des gens :

— Nous vous considérons en ennemis comme, au fond, vous-mêmes nous jugez, et, puisque nous sommes les plus forts, il faudra, chers seigneurs, avant de partir d'ici, laisser quelques billets de mille.

C'est absolument la même chose que de se confiner, en un territoire, à la suite d'une bataille gagnée et de n'en vouloir déloger qu'après rançon de plusieurs milliards.

Pour être moins exigeant est-on plus coupable ?

Ce n'est qu'une affaire de proportions. Cependant, et tant pis pour les bandits ! le rapprochement s'impose. L'invasion, de peuple à peuple, restant, il est vrai, cent fois plus maudissable qu'une dime des pauvres diables sur les richards en promenade.

Les très modernes chevaliers feront école. Peut-être que là-bas, du côté du Bosphore, s'acheminent vers eux de nouveaux affiliés. Le premier qui fut roi fut un soldat heureux : Athanase, brigand désinvolte, a devant lui brillant avenir tout amorcé. S'il méprise la gloriole du sceptre et de la couronne, s'il ne veut pas jouer les monarques en quelque principauté riveraine, il peut au moins se faire nommer président de sa République.

Et nous aurons le tableau inhabituel d'un chef d'État que n'hypnotise ni la toute belle liste civile, ni les terreurs capitalistes, et qui du superflu des uns fait du pain pour les misérables...

Comme c'est reposant de rêver ainsi les impossibles fantaisies, ça détourne un moment des hâbleries civilisées.

Pourtant il ne faut pas s'illusionner sur ce que demain amènera : le groupe des irréguliers cerné par les pandours turcs sera plus ou moins fusillé. Les grandes nations qui envoyaient de l'or, hier, enverront alors du plomb. Athanase Ier tombera sans avoir réalisé ses généreuses destinées.

Quand ce sera la nouvelle du jour j'en demeurerai vraiment navré, et, sans gratifier la bande de cette considération distinguée qu'on écrit au bas des lettres, je conserverai aux parias la raisonnée sympathie.

Du reste, pour une dernière fois parler des deux cents mille francs, on peut bien dire que rarement pareille somme a été enlevée avec plus de maîtrise.

Le coup a été bien fait et dans une belle harmonie.

Et si l'on pouvait connaître l'histoire de tous

les gains de deux cent mille francs, bases de
fortunes orgueilleuses, on n'en trouverait, sûr,
pas cinq dont l'origine soit plus avouable...

J'allais écrire plus honorable.

Le Bagne ou la Mairie

Par ces temps de dépopulation, il est réconfortant de signaler tels exemples que l'on peut qualifier de féconds.

Il y a quelques jours, à Bordeaux, une fillette de treize ans a mis au monde un enfant dont l'état de santé ne laisse rien à désirer. La jeune citoyenne qui vient de donner à son pays un petit citoyen est évidemment au-dessus de tous éloges; l'agriculture a besoin de bras, le militarisme aussi, et l'on ne saurait commencer trop tôt la fabrication de ces bras.

La valeur n'est pas seule à ne point attendre le nombre des années : dès l'âge le plus tendre il est des fillettes qui vont de l'avant.

C'est bon !

Bien que la recherche de la paternité soit interdite, le doux ami de la belle enfant n'a pas tardé à être désigné.

Il ne s'agissait pour lui de rien moins que de la Cour d'assises. Aimer avec autant d'entrain des gamines de douze ans passe, en effet généralement, pour un crime qui vous fait récolter bien plus vite l'épithète d' « immonde personnage » que celle d' « heureux gaillard ». L'épithète est même d'habitude soulignée de quelques années de galère.

Or, les journaux du cru, loin de s'indigner comme d'ordinaire, ont regardé la chose sous un jour badin; ils ont eu des mots joyeux et c'est avec l'air de dire : un fier lapin! qu'ils ont présenté le papa.

Je tiens à ne point sembler regretter un épilogue si favorable; mais je trouve qu'il n'est pas sans saveur de montrer pourquoi ce qui apparait couramment comme un odieux attentat est considéré, en la circonstance, comme une aimable idylle.

Le fait est simple. Au lieu de s'en tenir à l'Amour Libre, la situation a été bourgeoisement régularisée :

Il y aura Mariage demain.

Ça n'a pas été d'abord comme sur des patins. Étant connu l'âge de la petite mère, il a fallu de puissantes interventions : un décret du président de la république a tranché les difficultés en accordant une dispense.

Si bizarre que soit ce droit de veto ou de consécration laissé au chef de l'état, il n'y a qu'à se féliciter de la façon dont le président en a usé. Les deux amoureux l'ont échappé belle : d'autres auront-ils la même chance ?

M. Carnot qui n'est, somme toute, pas tendre pour les enfants fatalement précoces, puisque depuis son avènement, il en a guillotiné plusieurs, le président pourrait dire :

— Non, là ! je ne veux pas qu'ils se marient !

Alors, pour le monsieur, ce serait les travaux forcés.

La formule est ainsi posée : avec un peu de

bienveillance de la part de l'Auguste, il est loisible de choisir entre la maison centrale et la maison communale.

Le bagne ou la mairie !

Si le Daphnis de l'époque, passionné pour sa Chloé, avait eu cependant une répulsion manifeste pour le mariage, il aurait goûté de la geôle.

Les arbitraires exigences de la société ne sont jamais apparues plus clownesquement que dans ce mariage laïque... et obligatoire.

Le viol est très admissible quand monsieur le maire tient la chandelle en équilibre.

Qu'on l'avoue donc : il n'y a pas de viol !

Les amants qui, réciproquement, se désirent ont le droit naturel de se prendre. Il n'y a pas de question d'âge et il n'y a pas non plus de chinoiseries morales à respecter.

La Caresse se rit des lois et des lunettes.

Et lorsque la dame Vertu, sous les traits d'un vieux juge lubrique, voudra se mêler de morigéner ceux qui s'aiment sans être majeurs, on pourra lui rappeler vite le précédent bordelais.

La jeune maman de la Gironde avait à peine ses douze ans quand, avec un garçon de vingt-deux, elle a été jusqu'au bout.

On ne saura guère rencontrer une séduction plus verte.

L'acquittement s'imposera, en tous cas, au-dessus de douze ans — pourvu que la fillette soit petite femme.

Ou, si non, notre maitre à tous, le Président, devra lui-même s'interposer — lui qui vient, en quelque sorte, de piquer le bouquet de fleurs d'oranger sur une robe de première communiante...

Le néophyte Cacolet

Les feuilles de propagande cléricale mènent tapage autour de la sensationnelle conversion d'un révolutionnaire...

Paris valait bien une messe, pour Henri IV; le jeune Gouzien a trouvé qu'un peu de réclame n'était pas payé trop chèrement par une apostasie.

Eh bien! de la réclame, on lui en fera. Une binette d'abord : Alain Gouzien, vingt-cinq ans, surprenante mémoire permettant d'improviser, à la tribune, les discours jadis faits par d'autres; vingt-cinq ans — toutes ses dents peut-être! — et qui ne mordront plus que les anciens compagnons. Ce fort-en-bouche qui est passé à l'ennemi, avec armes et bagages, antiques laïus et vieux clichés, s'était créé, dans les réunions publiques, une spécialité de l'appel au pillage. L'incendie seul devait reposer de la dynamite et, à défaut de l'allègement des richards, il admettait — d'une main légère — l'estampage des camarades.

Ce procédé qui consiste à rouler des amis confiants, à profiter de l'abandon qu'on a vis-à-vis de ceux qui se disent vos frères de misère, ce système qui permettrait à un compagnon sans domicile de voler le compagnon qui lui donnerait l'hospitalité, ce procédé de détrousseur.insinuant est sale.

Que la guerre soit à coups de couteau, avec les capitalistes formidablement armés pour l'oppression et la défense — à coups de couteau en poitrine ou parderrière — bien ! Que la lutte n'ait pas de duperie chevaleresque en face des Jarnac de la bourgeoisie, soit ! Mais que, au milieu des militants et des convaincus, se glissent des pickpockets faiseurs de discours et de mouchoirs, subtiliseurs de hardes et de livres — c'est à épouiller, sur l'heure.

M. Gouzien pratiqua-t-il ? Catégoriquement,
je l'ignore. J'ai dit son verbe, son geste. L'encombrante personnalité de ce néo-chrétien fut
d'un socialisme si cascadeur que les plus drôla-
tiques conversions ne sont faites pour troubler
personne ; mais l'occasion me vient de parler
de théories qu'il émettait et que professent
pas mal de gens à courte vue, de théories qui
me répugnent ; j'en parle — et je vais mieux
encore préciser.

Il se faufile, dans les groupes, des gaillards aux doigts crochus ou aux digressions
décevantes. Ce sont les vrais agents provocateurs — provocateurs de tous les doutes et de
toutes les discussions.

On se lasse de voir ceux-là qui clouent au
pilori les ignominies sociales, trafiquer à leur
tour, par les plus vils moyens. Ce qu'il faudrait sentir chez les révoltés fiers, à coup certain, ce n'est pas les petites saletés rééditant les
roueries exploiteuses ; ce qu'il ferait beau sentir
chez les révoltés, c'est une volonté haute d'éviter
l'éternel recommencement des tromperies, une

allure tranchant en belle clarté sur les basses
machinations des truqueurs.

Si, pendant que nous nous ruons à l'assaut,
de prétendus compagnons d'armes nous chi-
pent nos cartouches et vident, pour se saouler,
nos gourdes réconfortantes, nous leur défen-
drons de se dire plus longtemps des nôtres.

Si l'on combat les bourgeois à visage découvert, ce ne sera pas pour tolérer les hommes
qui, parmi nous, transplanteront les mœurs de
la bourgeoisie avec, sur la face, un masque de
révolutionnaire.

On ne s'y trompera plus.

Les pires bourgeois, nous les démasquons.

Parbleu ! ce sont des habiles ; ils savent
qu'ils peuvent d'autant mieux opérer chez les
camarades que ceux-ci ont horreur de la délation et des représailles. Ils choisissent leur terrain avec la quasi-certitude de l'impunité.

La grandeur du brigand hardi, ils n'ont pas
le droit d'y prétendre.

Faut-il s'étonner quand les partisans de ces

théories tombent dans les trente-sixièmes dessous des compromissions agenouillées ?

L'estampage des camarades mène à l'estampage de l'idée. On a sacrifié les uns, ou, tout au
moins, on a, sans protester, laissé sacrifier les
uns : l'autre on l'abandonne — l'occasion se
vendant.

Que l'indépendance me garde d'insulte contre
tous ceux qui changent d'avis. Ce qui paraissait hier la vérité peut sembler demain le
mensonge. L'évolution est constante. J'ai l'horreur des doctrinaires qui veulent nous en-
chaîner au nom d'anciens credos.

Il est possible qu'à certaines heures des tempéraments les plus franchement libertaires se
passionnent pour un mysticisme hautain. Au
delà des brutalités du fait, il est concevable que
l'on cherche l'intelligence d'une cause. Et jamais, de parti pris, je ne nierai la bonne foi de
cette marche vers un idéal entrevu.

Seulement je ne crois pas, en ce moment, je
ne veux même point admettre qu'après avoir

6

rêvé de Liberté, on puisse repartir, en arrière, du pied gauche, pour les puérilités d'une religion toute faite.

Lorsque le plus cher désir a été de se mouvoir, à son instinctive fantaisie, dans la vie large ouverte, on ne se retire pas, sans secrètes pensées, dans le jardinet des dogmes étroits.

Lorsqu'un être s'est affranchi, il ne retourne pas dans les églises quémander une camisole de force; ou, s'il le fait, c'est dans un but facile à dévoiler.

L'Eglise est un pis-aller.

Les révoltés mystiques auront d'autre refuge.

Le catholicisme n'est même pas l'hôtel des Invalides pour les anarchistes fatigués; c'est une agence d'affaires pour les ambitieux impatients.

Et le Tricoche de sacristie ouvre toujours les deux bras au néophyte Cacolet.

Légitime défense

Monsieur Grévy qui fut un passionné des carambolages ne les comprenait pas de la même façon que Monsieur Crampon dont l'aventure défraye la chronique.

Le billard n'était pour l'ancien président qu'une hygiénique distraction à laquelle il se livrait dans un salon très décoré — ce qui pourtant ne lui rapportait rien. Le tapis vert, les boules blanches et rouge ont été, pour Crampon et ses deux camarades, le prétexte d'une opération où ils pensèrent enlever la forte somme.

Vers le soir, trois hommes montent au premier étage d'un cabaret, ils vont faire leur consommation en cinquante points au billard. Peu de monde dans le café : quelques clients

en bas ; mais, en haut, dans la salle, personne !
Les joueurs ne seront pas dérangés.

Ils l'ont été cependant et juste au moment où
les trois clients, se préoccupant peu de faire
une « série », s'exerçaient à de savants massés
sur la serrure d'une armoire où ils espéraient
trouver autre chose que de la craie pour mar-
quer les points. Au voleur ! cria le garçon qui
les pinçait la main à l'œuvre, au voleur ! Et
les billardiers, en bousculade, dégringolèrent
l'escalier, et, sans grands tâtonnements, se
précipitèrent, véritable trombe, par la porte
donnant sur la rue.

L'employé du mastroquet criait toujours :
Au voleur ! aux voleurs, arrêtez-les !

A moins d'incorporation dans les brigades
de soutien des salariés de l'Ordre, qui s'agitera
pour ce « menu fait » ?

L'anecdote du débitant qu'on a failli soulager
du reliquat des bénéfices réalisés sur de partiels
empoisonnements ne fait pas naître une émo-
tion poignante. Les trois sans-le-sou réduits,

pour manger, à tenter le suprême emprunt au cabaretier, n'excitent qu'une colère restreinte. Le vendeur de casse-poitrine peut, sans que notre plainte soit amère, être visité de temps en temps par quelque original joueur de billard.

Il est des vols d'autre envergure...

Aux appels du commis, la foule s'est amassée. On ignore du reste ce qui est advenu : simplement, les bons badauds, qui les premiers sont accourus, ont aperçu, filant à toutes jambes, les trois mauvais garçons.

— Arrêtez-les !

Des cris et encore des cris retentissent, successifs échos à l'ordre impératif ; c'est bientôt un feu sur toute la ligne : Arrêtez-les, arrêtez-les ! Amateurs toujours prêts et curieux bénévoles se lancent sur la piste, on court, on court...

Dans le dédale des rues, en la demi-obscurité des passages mal éclairés par de rares becs de gaz, deux des fugitifs réussissent à dépister les limiers non patentés. Ces Nemrods

6.

pour l'honneur sont furieux : deux de perdus ! qu'il y en ait au moins un de retrouvé ! Et la chasse continue plus âpre, plus précise. Pour tous, un seul but : l'homme essoufflé, le gueux qui, à trois pas en avant, bondit comme gibier traqué par la meute.

— Sus ! Sus ! Arrêtez-le !

La galopade échevelée continue, battant le pavé.

L'homme fait un faux pas, glisse... derrière lui des demi-douzaines de bras s'allongent pour saisir. Pas encore — il s'est redressé, l'homme.

D'un élan, il a regagné dix mètres.

Maintenant c'est en avant, quelqu'un barre la route, puis un peu plus loin, un autre, un autre encore. De toutes parts convergent les volontés de faire tomber ce pauvre diable qui détale, éperdu : des boutiquiers jettent sur le passage des caisses vides, des cochers zigzaguent avec leur voiture, coupant la route, brandissant leur fouet.

Les gamins hurlent, les hommes s'acharnent.

Lui, le pourchassé, le misérable vagabond, bientôt n'en peut plus, il sent que c'est la fin. On va le prendre et ce sera la prison, le tribunal, les chiourmes. Qu'est-ce qu'ils ont donc, ceux de cette bande implacable ? Ce ne sont pas des sergots pourtant, ce sont des ouvriers, c'est du peuple.

— Voyons, me laissera-t-on passer ? Je me sauve, en vaincu ! Il n'y a rien eu, rien. Qu'est-ce que cela vous fera si l'on m'enferme pour des ans ? Laissez-moi vivre !

Ah ! bien oui, tandis que le malheureux divague en d'enfantins espoirs et court ses dernières enjambées, la meute plus proche sonne l'hallali.

Sous une charrette, Crampon s'est abattu.

— Nous le tenons !

C'est le triomphe répugnant de la foule. Steeple pour la pose : à qui le premier empoignera le fugitif.

Alors, lui, affolé, arme son revolver et, par

trois fois, tire sur cette horde qui veut voler
sa liberté.

Deux morts, un blessé. Quant à Crampon
après avoir été esquinté par les bons citoyens,
il est appréhendé par des policiers — professionnels ceux-là. En perspective, la guillotine.

Ce quadruple résultat est dû aux limiers
sans mandats.

Le meurtrier apparaît sauvagement en état
de légitime défense.

Les victimes dans leur course à la mort
n'inspirent que le dégoût. Si quelque chose
nous écœure plus que la rousse patentée, c'est
la police dilettante.

Il est bon que de temps à autre certains
enthousiasmes soient refroidis.

La Fille du Régiment

Il ne s'agit pas de l'opéra-comique bien connu.

La fille du régiment dont il est question n'a que de lointains rapports avec une œuvre musicale. Nous voulons parler de cette gracieuse personnalité que les chasseurs à cheval de Châlons-sur-Marne appelaient couramment Suzanne.

On connait le scandale nouveau. Les journaux ont raconté, avec force piquants détails, la curieuse aventure d'un capitaine, d'un lieutenant, d'une douzaine de sous-officiers et soldats et enfin de cette Suzanne indiscutablement moins chaste que celle de l'Ancien Testament.

Cette Suzanne, que le régiment nommait

aussi familièrement « la fille », n'était autre
qu'un jeune militaire au duvet naissant très
goûté par nombre de galonnés — délicats
appréciateurs de sa façon de faire l'exercice.

Le petit pantalon rouge avait une réputation
assise.

Certes ce fut une insigne maladresse qui
entraîna, au grand jour, une série de faits
destinés plutôt, dans l'esprit de leurs auteurs,
à jouir d'une clarté moins vive.

Le maréchal des logis de garde qui, un soir
où Suzanne, joliment sanglée dans un dolman
de fantaisie, se présentait pour sortir, s'amusa
à lui faire faire demi-tour (histoire d'habitude)
commit une irrémédiable gaffe.

La vengeance de la fille ne se fit pas
attendre et fut cruelle.

L'œuvre perverse de sa nuit consista, cette
fois-là, à dessiner naïvement, au charbon, sur
les murs du quartier, une petite suite de scènes
représentant des incidents vécus. On y voyait
le sous-officier ayant refusé la permission, se

livrer avec Suzanne même à de bizarres fantaisies semblant indiquer un point de vue tout spécial dans l'envisagement des choses. Et, machiavélique précaution ! pour qu'aucun doute ne fût permis, des inscriptions explicatives documentaient les primitifs croquis.

Ces décorations osées parurent le lendemain un spectacle assez inattendu. On voulut passer l'éponge sur les murs et étouffer l'affaire ; mais la fille s'y prêta aussi mal que possible.

— J'en ai assez, répondit Suzanne au commandant qui l'interrogeait, j'en ai assez de servir de femelle à quatre escadrons. Avec ça qu'on me doit des masses d'argent : le capitaine Fixe ne m'a pas payé la semaine dernière, le lieutenant Machin m'a posé un lapin, les brigadiers et les fourriers m'annulent à la course et quant au maréchal des logis qui était de garde hier, qu'il me règle d'abord mes vingt francs !

Il fallut bien se résoudre à tirer de ce cas, une affaire — une affaire qui pourra s'appeler : *l'armée active et passive* ou *l'imprudence du sous-off planton.*

Trop simple serait de partir de là pour un éreintement de tout ce qui, de près ou de loin, touche au militarisme. Des feuilles quotidiennes et bourgeoises lancent elles-mêmes l'anathème aux brebis galeuses — boucs serait plus juste — que le conseil de guerre frappera demain. De toutes parts on constate, on voit, on sent que le fameux prestige de l'armée s'effrite et tombe en miettes comme de l'anticaille vermoulue. La gent soldatesque n'avait peut-être plus pour elle que les amoureuses de couleurs, de clinquant et de panache — les femmes — et voici qu'elle les perd !

Ces dégringolades de la Grande Muette sont également faciles à noter. L'aventure de Châlons-sur-Marne n'est vraiment point la pire de toutes.

La maladive dépravation de quelques porteurs d'uniformes ne sera pas, pour nous, occasion à grandes phrases. Nos haines, qu'avivent les crimes cyniques des gradés, ne se surexcitent point aux lamentables chutes des hommes.

C'est seulement à ces traineurs de sabre qui prétendent, par tous moyens, poétiser l'avilissant métier des armes, que l'on serait tenté de rappeler rudement la Fille du Régiment.

De fait, les tristes amants de Suzanne sont à jamais terrassés. Disons-le : ils sont à plaindre.

Nous ne les accablerons pas.

Et, tout au plus sourirons-nous, quand les flambards et les casseurs viendront encore nous parler de trous de balle dans le drapeau.

Madame Thomas

Une des caractéristiques de l'époque est la folie de jouir. Encore veut-on que le plaisir n'entraine après lui aucun ennui, aucune charge.

Il faut s'arranger de façon que la caresse n'engendre que le spasme.

La reproduction est interdite.

Les militaires de Châlons-sur-Marne avaient tourné et retourné la difficulté ; ils étaient certains de ne point avoir d'enfants. Ces messieurs n'étaient pas, sous tous rapports, restés en arrière. Le progrès les aiguillonnait. On a été injuste envers eux.

La plupart des officieux n'ont pas eu la bonne foi de signaler la décadente aventure. C'est à peine si le *Petit Journal* a donné une colonne de publicité à ce qu'il appelait un scandale dans l'armée. La *Lanterne* a été seule à écrire :

« Peu de temps après l'arrivée du 1er chasseurs à Châlons-sur-Marne les jeunesses de la localité qui savent conserver des trésors de tendresse pour les élégants cavaliers, manifestèrent le plus vif dépit.

« Quoi ! pas un homme dans ces escadrons, elles avaient beau rivaliser de coquetterie, les militaires restaient insensibles. »

Ce cri, « pas un homme dans ces escadrons », est-il controuvé ? Cela équivaut à dire : sur le dos de tout le régiment on devrait coller l'unique étiquette.

Peut-être est-ce exagéré ?

Quand bien même ce serait la vérité — et là fleurit ma protestation — il est regrettable que, par ces jours de *Mort aux gosses*, aucun journal n'ait impartialement imprimé :

— Enfin, spectacle consolant, ce n'est pas dans notre armée qu'on a recours aux avorteuses !

On n'en dirait pas autant de l'élément civil.

Le peuple est routinier.

Les petits employés adorent de pimpantes ouvrières, il n'est pas jusqu'aux robustes gueux qui n'embrassent de belles gueuses à pleine bouche.

Et comme, si l'on a toujours la monnaie des baisers, on n'a pas souvent les sous nécessaires pour élever les progénitures menaçantes, il faut bien réclamer les services d'une personne, telle cette sage-femme que juge le jury de la Seine.

L'horrible mégère, dit-on, l'ignoble monstre !

Cette immonde avorteuse n'a fait que des études clandestines !

Et l'on raconte comment Marie-Constance Thomas, restée orpheline à dix-sept ans, fut recueillie par un docteur chez lequel on l'employa aux gros ouvrages du ménage. A ce moment Marie-Constance savait à peine lire. Le désir de s'instruire lui vint tout à coup et on la montre, après les rudes journées de

labeur, veillant la nuit dans sa froide chambrette de domestique, travaillant penchée sur
des livres de médecine que laissait traîner le
docteur.

Petit à petit, elle sut faire un choix dans ses
lectures, elle dirigea ses études et c'est ainsi
qu'au bout de quelques années, un jour où une
dame dans les douleurs de l'enfantement atten-
dait en vain le médecin, elle fut en état de le
suppléer et aida à mettre au monde un gros
garçon bien vivant.

On a vite fait de qualifier cette femme :
infecte et repoussante.

Au point de vue strictement bourgeois, des
débuts comme les siens ne sont-ils pas l'idéal ?

Plus tard, la bonne du docteur, ayant quitté
sa place, utilisa ses connaissances. Elle exerça,
sans diplôme, le métier de sage-femme.

Plus tard encore, elle se spécialisa comme
faiseuse d'anges...

A propos de l'avortement, je ne crois pas que
ce soit bien neuf d'affirmer qu'entre la sonde

qui délivre et les noyades préservatrices de l'injecteur il n'y a pas grande différence.

Cependant les gens à cheval sur le Codo n'admettent qu'une chose, c'est qu'on soit de même sur le bidet.

On ne les fera pas sortir de là : d'un côté c'est la cuvette et de l'autre la Cour d'Assises.

Il est discret de ne toucher au fond les débats qui se déroulent devant la Cour. Cette longue procession de lamentables avortées venant raconter, toutes, la même histoire banale finit par être fastidieuse. Et dans ce procès qui s'éternise, une seule figure se dessine intéressante : celle de l'avorteuse !

On pense à cette odyssée invraisemblable d'une servante. On pense au nombre énorme de ses clientes, à ses cures merveilleuses. On s'imagine les mille et une petites et grandes misères qu'elle a empêchées, y gagnant à peine quelques menues pièces blanches et l'on en arrive à concevoir une femme étrange, fille de ses œuvres — de ses œuvres abortives, si l'on veut — une femme d'un complexe caractère et d'une sauvage beauté.

Oui, et c'est cette curieuse physionomie qu'il est bon de laisser au premier plan, bien en lumière.

Madame Thomas a rempli une tâche : elle a démocratisé l'avortement...

Comme morale, il faut que le verdict soit implacable.

N'y a-t-il pas un mot d'ordre contre les vulgarisateurs ? Ce crime-là est le pire de tous.

On ne frappera jamais assez durement la femme faisant à très bon compte, pour des petites gens, ces avortements que les personnes du monde payent fort cher à MM. les grands docteurs.

Les Lyncheurs

L'Amérique, dans certaines de ses contrées, est par excellence le pays de l'élevage ; ajouter que c'est aussi le pays de l'éducation, de l'éducation sociale, ce serait faire une déplorable confusion.

Cette confusion on la fait tout le temps, les mœurs du Nouveau-Monde sont citées en exemple ; l'allure des Américains, toute pratique et tant pressée, risque de faire école en France.

Déjà la justice n'a jamais été plus expéditive. Vous êtes accusé, englué aux aveux, et souvent condamné avec une désinvolture qu'égale seule votre innocence ; ça ne traine pas !

Il est exact que l'Amérique, toujours en avant-garde de la civilisation, va plus loin même dans cette voie : si les juges n'ont pas condamné, on vous exécute quand même. A propos de bottes ou de cannes à sucre, à propos d'un planteur ivre ou d'un indien battu qui se défend, à propos des plus futiles choses et des plus invraisemblables accusations, on vous lynche pour le plaisir.

C'est un principe admis : le peuple de l'autre côté de l'Océan a droit à une bonne moyenne d'exécutions sommaires.

Il revendique ses *circences*.

Dernièrement c'était, à la Nouvelle-Orléans, l'atroce boucherie des italiens reconnus innocents et par suite beaucoup plus rapidement et terriblement mis à mort. Les détails du massacre dépassaient en horreur les trouvailles de l'Inquisition, c'étaient des yeux arrachés de l'orbite, l'écharpement d'hommes par lambeaux de chair et enfin la délivrante pendaison, comme pour obtenir un dernier sursaut des agonisants torturés.

Aujourd'hui les journaux rapportent qu'à
Bridgeport, en Californie, un chinois, sorti
indemne d'une accusation de meurtre, a, néan-
moins, été lynché en dernière forme du procès.
A peine le verdict de la cour avait-il été pro-
noncé que le prisonnier fut entraîné hors du
tribunal, criblé de coups et finalement déchi-
queté.

Les honnêtes gens qui se livrent à cette
sorte de distraction et qui, forts de l'impunité, nationalisent les expériences de vivisec-
tion sur l'homme, doivent être, au fond de
la panse, les plus enracinés bandits.

Et ils le sont, bandits! si laidement, si peureu-
sement repliés derrière une excuse de vindicte,
si bourgeoisement !...

Le lynchage n'est pas, au reste, exclusi-
vement une institution du Nouveau Monde;
à probants symptômes, on le voit de plus
en plus, de mieux en pis, s'acclimater chez
nous.

Elle existe parmi nous, la bande des lyncheurs ; sous mille formes on la sent s'abattre aux heures qui suivent la lutte.

Et c'est la même chose que là-bas, après l'acquittement en cour d'assises.

Quand ici on a gagné son procès devant le public, tout n'est pas non plus fini ; et pour nous autres cette victoire-là n'est cependant jamais absolue, jamais définitive : Géraudel et Georges Ohnet seuls, avec leurs pièces et purgatifs, ont touché les masses... au cœur. Ce que nous appelons gagner son procès, ce n'est que l'échange d'un salut, aux haltes, sur la route où l'on va repartir, c'est la poignée de mains de quelques subtils et détachés Attentifs. Quand, devant ceux-là, la cause est enlevée, tout n'est pas dit.

Commencent les sourdes attaques, les perfides insinuations, les compliments malveillants, les insultantes pitiés, tout l'ensemble des sourires faux, des réticences et des giflantes, confraternelles et aimables conclusions.

— C'est un si bon garçon, ce pauvre Un Tel ! Dommage qu'il se croie poëte...

Et patati et patata lève la patte et puis s'en va larmoyer sur tout ce qui, Propre, voudrait surgir.

Aussi le sépulcral silence autour de l'Œuvre, cette conspiration dont je ne sais qui donne le mot d'ordre et dont tous les je-ne-sais-quoi sont les castrats-affiliés.

Et aussi la menace croupissante des naufrageurs qui n'osent encore allumer leurs feux.

Malheur ! par exemple, si sur la route on fait faux pas ; malheur ! si, un instant, l'on faiblit ; malheur ! si l'on bute. Comme les rôdeurs de barrière, les lyncheurs de la plume aiment les coups de talon dans la figure pour tous ceux qu'ils voient par terre.

Malheur aux isolés qui s'attardent en leur rêve sur les grands chemins battus par les pseudo-talentueux ! Ce sont endroits peu sûrs, les soirs où l'on est las, peu sûrs comme les berges de la Seine, la nuit, en nos banlieues, peu sûrs, comme en Amérique, les forêts où tant d'innocents sont pendus.

Malheur aux Isolés ! Méfiance aux carrefours !

Pourtant, malgré le dépiotage des exis-
tences, malgré le déchiquetage des personnalités qu'une petite malchance ou que le moindre
échec jette sous les dents longues des impla-
cables bornés, il est d'audacieux Chercheurs
qui vont quand même en avant.

Tous ils ne trébucheront pas.

Moins naïfs, à présent, ils prennent garde.

L'effort ne sera pas irrémédiablement vain.

Et c'est déjà quelque chose quand les faux-
frères sont *brûlés*, quand les vrais ennemis
sont connus et quand d'un cri, sans plus dire,
si facilement on les marque :

Lyncheurs !

Nous

On parle d'anarchie.

Les quotidiens s'émeuvent. On interviewe les compagnons et l'*Eclair* se fait, entre autres réponses, dire par eux qu'actuellement il y a scission parmi les anarchistes.

C'est sur le vol que les opinions se divisent.

Les uns, dit-on, veulent l'ériger en principe, les autres le condamnent irrévocablement.

Eh bien! impossible serait à nous de prendre position sur un pareil terrain. Ce vol peut nous paraitre bien et beau et approuvable ; cet estampage peut violemment nous répugner.

Il n'y a pas d'Absolu.

Si des faits nous mènent, aujourd'hui, à

préciser telle façon de voir et d'être, chaque jour, en les vifs articles de nos collaborateurs expressifs *, le vouloir s'est affirmé, clair.

Ni d'un parti, ni d'un groupe.

Endehors.

Nous allons — individuels, sans la Foi qui sauve et qui aveugle. Nos dégoûts de la Société n'engendrent pas en nous d'immuables convictions. Nous nous battons pour la joie des batailles et sans rêve d'avenir meilleur. Que nous importent les lendemains qui seront dans des siècles! Que nous importent les petits neveux! C'est *en dehors* de toutes les lois, de toutes les règles, de toutes les théories — même anarchistes — c'est dès l'instant, dès tout de suite,

---

* Roinard, Georges Darien, Fénéon, Lucien Descaves, V. Barrucand, Arthur Byl, A. Tabarant, Bernard Lazare, Malato, Pierre Quillard, Ghil, Edmond Cousturier, Henry Fèvre, Edouard Dubus, A.-F. Hérold, Georges Lecomte, Etienne Decrept, Emile Henry, Saint-Pol-Roux, Jules Méry, Cohen, J. Le Coq, Chatel, Cholin, Ludovic Malquin, Camille Mauclair, Octave Mirbeau, Muhlfeld, Pierre Veber, Victor Melnotte, A. Mercier, Tristan Bernard, Paul Adam, Charles Saunier, Ajalbert, Emile Verhaeren, Henri de Régnier, Francis Vielé-Griffin.

que nous voulons nous laisser aller à nos pitiés,
à nos emportements, à nos douceurs, à nos
rages, à nos instincts — avec l'orgueil d'être
nous-même.

Rien, jusqu'ici, ne nous a révélé l'audelà
radieux. Rien ne nous a donné le criterium
constant. Le panorama de la vie change sans
cesse; et les faits, suivant l'heure, nous apparaissent sous différentes lumières. Jamais nous
ne réagissons contre les entrainements où
nous lancent, tour à tour, les contradictoires
points-de-vue. C'est simple. Ici, l'écho résonne
de sensations vibrantes. Et si parfois des fougues
désorientent par l'inattendu, c'est que nous par-
lons des choses de ce temps comme ferait le primitif barbare tombant tout à coup devant elles...

Le vol !
Mais la fantaisie ne nous viendra point de
nous poser en juges. Il y a des voleurs qui nous
déplaisent, c'est sûr, et que nous attaquerons,
c'est probable. Alors ce sera pour leur allure,
plutôt que pour le fait brutal.

Nous ne mettrons pas en jeu la sempiternelle
Vérité — avec un grand V.

C'est une affaire d'impression.

Un bossu peut me déplaire plus qu'un aimable récidiviste.

L'Impossible suicide

Il est, cette semaine, un coup de revolver dont tous les échos du monde ont répercuté le son.

Les chroniqueurs de partout et les politiques d'ailleurs, depuis le bas-bleu — sensible à la ligne — jusqu'au faiseur implacable, tous et toutes, avec des mines de jongleurs misérables, se sont renvoyé la balle — la balle sanglante qui traversa les tempes de Boulanger.

L'homme est fini. Sur la tombe de la maitresse, l'amant s'est tué. Celui que des foules avaient voulu porter sur le pavois s'est promu plus haut, dans le néant.

On pourra nommer cette mort le dernier truc

d'un cabotin, rappeler Werther, cet acte ultime ne ridiculisera pas le disparu.

Il y a dans ce tragique naufrage comme une beauté décorative ; le suicidé du cimetière d'Ixelles ne part pas sans le geste humain qui impressionne. Et, apparaissent, ces jours et ces nuits de poignantes douleurs dans la chambre où s'était évanouie la tant aimée. Ces jours où, la tête en les mains, il ponctuait de sanglots les minutes que, si lentement, devait compter l'horloge. Ces nuits hallucinées où, sur le lit vide, il s'abattait, cherchant, à doigts crispés, l'ombre de la chère morte. Et la pitié vous prend. Et les tortures de GEORGES éloignent la vision des exploits du soldat.

. Car, on ne l'a pas dit, c'est le général, le soldat, qui était odieux.

Qu'un homme, voire même un prétendant, essaye de jeter par terre le gouvernement qui sévit, nous ne pouvons guère craindre de perdre au change. Ces questions ne nous passionnent. Ce que nous haïssons avant le reste, c'est

le militarisme souteneur de l'Autorité, c'est
la soldatesque galonnée, cette aristocratie de
garde-chiourmes et de bourreaux.

Et alors, on songe aux conseils de guerre et
aux exécutions sommaires, aux larmes et au
sang que ce chef — qui vient de pleurer et de
saigner — a fait répandre lui-même.

On se ressaisit. On ne s'acharne pas sur le
cadavre du général tombé moins banalement,
en somme, qu'en un champ de carnage ; mais on
songe, les poings serrés, à d'autres généraux,
bien vivants ceux-là — férocement vivants — et
prêts, pour demain, à toutes les fusillades...

On entrevoit l'anguleuse silhouette du Galliffet !

Les massacres de la Semaine Sanglante reviennent à la mémoire. Les horreurs des répressions
à la mitrailleuse remontent au souvenir. Les
enfants et les femmes et les jeunes hommes et
les vieillards victimes de 71 crient le Rappelez-
vous !

Et l'on imagine que le jour où les causes

justes triompheraient (quelle hypothèse !), où, conscients de leur droit à la vie, les déshérités se seraient fait une place au soleil, le jour où, à son tour — et pour ne parler que de lui — le Galliffet aurait perdu la partie, ce jour-là le général-marquis ne devrait pas compter sur le refuge du poétique suicide.

C'est impossible.

Plus maculé que les plus honnis, il est un fusilleur typique qui ne s'esquiverait point dans un romanesque décès.

Galliffet ne se brûlerait pas la cervelle, on lui casserait la tête.

Contre le Duel

On n'a pas besoin d'être débarrassé de tous les préjugés sur lesquels se base l'existence de chaque jour pour penser et dire le plus grand mal du duel.

Etrange : l'entente se fait sur ce terrain.

Il est compris que le duel ne prouve rien. C'est une antique et barbare coutume qu'on aurait dû mettre au rancart dès l'heure où l'on cessa de croire au Jugement de Dieu.

Pourtant, si chacun blâme ces chevaleresques assauts, combien peu ont le très haut courage de ne se laisser entraîner jamais à ce mérovingien genre de sport?

De dignes vieillards eux-mêmes provoquent des jeunes hommes : M. Bonaparte envoie ses témoins à M. Edmond Lepelletier.

A la suite d'un nombre plutôt considérable de mots évidemment spirituels commis sur le cas de Mme la princesse de Rute, — cette grande dame amoureuse de sa secrétaire — le frère de la princesse, un monsieur de soixante-dix automnes, a tiré flamberge au vent. Il désire en découdre. Et choisissant, parmi nos plus légers chroniqueurs, celui que Messaline et Nana ont mis le mieux en verve, voici qu'il veut à toute force l'emmener sur le pré. Le chroniqueur récalcitre :

— On ne se bat pas avec un vieux monsieur !

Et M. Lepelletier propose un moyen terme en annonçant qu'il se tient à la disposition d'un jeune homme qui voyage en Orient : M. le comte de Solms, fils de la victime.

Depuis deux jours les intervieweurs publient à ce sujet les cahotiques avis de tous les personnages qui passent pour être forts aux armes et ferrés sur l'agenda du point d'honneur.

Bien drôles, ces consultations, et il appert que toujours, dans ces questions de duel, le tragique frise le grotesque.

Je ne serais pas surpris de voir le comte de Solms, qui est en pleine jeunesse, refuser, à son retour, de se rencontrer avec M. Lepelletier, arguant que notre sympathique confrère n'a plus la crinière de Samson et qu'il remplace souvent, déjà, son monocle par des lunettes.

Comme il serait mieux et plus beau pour tous de prendre autrement la garde moderne, comme il serait bien d'entendre un Homme dire :

— Je ne me battrai point parce que je ne suis pas un affolé qu'impressionne les Kss! Kss! de la galerie; je ne me battrai point parce que je trouve le duel imbécile. Je ne me battrai pas parce que je ne veux pas me battre et que j'ai l'orgueil de ma volonté!

Ce n'est pas si simple que ça en a l'air et les plus braves hésitent.

Ceux mêmes qui, étant anarchistes, semblent devoir être les plus éloignés de cette défaillance à main armée, s'y laissent glisser ; le compagnon Gégout n'a-t-il pas l'autre semaine donné un coup d'épée au citoyen Vaillant.

Dans un journal de province, le citoyen avait traité le compagnon de mouchard. Gégout l'a trouvée mauvaise et sans doute n'ayant pas le temps de courir après le monsieur lui faire réabsorber son mot, il a, pour en finir lestement, pris rendez-vous avec accompagnement de témoins.

Ce qu'il faut sabrer, en ce cas spécial, c'est la tendance des socialistes à se servir de l'épithète de mouchard quand ils parlent des révolutionnaires de nuance hardie. C'est leur terme favori. Ils n'y vont pas par quatre chemins : à la première discussion ils vous éclaboussent du mot de leur choix.

Combien ont-ils précipité d'événements avec le venin de ce mot! combien ont-ils poussé à bout de fiers tempéraments...

N'est-ce pas eux qui ont mis le revolver dans la main de ce Lorion qui tua deux gendarmes pour prouver qu'on le calomniait en le traitant d'agent provocateur!

...Si donc on n'est pas encore assez en dehors des modes pour audacieusement faire fi des cartels[*], si l'on ne se sent pas en main ce coup droit contre un préjugé, alors qu'on se batte — mais qu'on choisisse ses têtes!

A aucune raison, pas de chocs entre ceux qui se doivent comprendre. Il y a, de par les sinécures, assez de routiers de lettres et de politique, assez de notables bourgeois, assez d'accapareurs sans vergogne, assez de pontifes encombrants, pour ne songer jamais à d'autres adversaires.

Là, seulement, la lutte au couteau, à l'épée ou au pistolet est presque admissible.

Qui sait? ce serait peut-être parfois de fécondes batailles.

Si, de parti pris, l'on n'était pas contre le duel, on tenterait d'être le spadassin qui ferait de la place dans ce monde-là.

---

[*] Ecrit par le rédacteur un jour où... il se battait. — N. de l'E.

Allez coucher, Capitaine!

Capitaine, frère de Tom et petit-fils de Sultan, est un roquet de luxe qui m'a joué bien des tours.

Ce n'est pas moi qui l'ai baptisé Capitaine : quand on me l'a donné, c'était son nom — il l'a gardé. Je n'ai pas l'âme ténébreuse des édiles qui ont enlevé le titre de la rue du *Chat Noir* pour y substituer le Victor Massé, égreneur de montmartroises discordes.

Capitaine est l'animal le plus turbulent du monde ; chien de chasse aussi peu que possible, mais aboyeur à tout propos, hors de propos et sans raisons, aboyeur comme chien de quartier.

Pourtant, malgré les rapines que ma cui-

sinière lui reproche, le toutou me charme et je
l'aime mieux — le cœur a de ces déprava-
tions — je l'aime mieux que les personnes
qu'il m'a fallu, lors de ma végétation régimen-
taire, qualifier du grade.

D'ailleurs, avec lui, point besoin de façons.
S'il vous embête à l'excès, ce n'est pas un cas
foudroyable de lui crier d'une voix brève :

— Allez coucher, Capitaine !

Loin de moi la pensée d'un malséant
badinage : ce n'est pas à l'heure où le
« Ne touchez pas à la reine » a été si admi-
rablement remplacé par le « Ne touchez pas
à l'armée » que j'oserais me permettre la
plus légère plaisanterie. Je sais combien elle
est sublime aux heures sombres, la Grande
Muette ! combien nous pouvons compter sur
elle, combien elle est à la fois le bouclier pour
les uns et le Lebel pour les autres. Je sais aussi
quel respect s'impose pour les chefs de nos
cohortes, les capitaines de nos compagnies,
ces rejetons des anciens preux, ces organisa-

teurs de nos prochaines victoires qui regardent
la trouée des Vosges... avec des larmes dans
les yeux ! Le sang des vieux gaulois coule
encore dans leurs veines ; et c'est bien notre
espoir qui passe quand on les voit défiler si
crânes devant les bataillons... sous les plis
flottants du drapeau.

Là, voilà qui est dit, maintenant je continue.
Où en étais-je ? Ah ! oui, parfait :

— Allez coucher, Capitaine !

C'est une phrase de ce genre qui vient de
perdre un réserviste.

On ne raconte pas comment l'incident est
survenu, mais les journaux disent que le soldat
accentua sa réponse en jetant son ceinturon à
la tête de son chef. Fort heureusement, ajou-
tent-ils, le capitaine n'a pas été atteint... Le
réserviste a été condamné à dix ans de travaux
publics.

Se donnera-t-on la peine de regarder :

Une belle figure de capitaine — un ceinturon
qui ne l'attrape pas — un père de famille qui

8.

terminait ses vingt-huit jours et qu'on flanque
pour dix ans dans les pires galères.

Mais il ne faut pas toujours s'abandonner au
courant de ses impressions, il ne faut pas surtout que le mot « capitaine » évoque seulement des tragédies. Ce n'est point parce que
le capitaine Triponé est en prison comme
traitre que nous devons voir certains horizons
tout en noir. L'opinion publique ne s'émou-
vra pas d'une exagérée manière ; nous avons
des Bayards loyaux, nous en avons aussi de
gais, et c'est déjà quelque chose.

Ainsi, à la huitième chambre correctionnelle
où le capitaine Colin poursuivait sa gente
épouse en adultère, on ne s'est pas ennuyé une
seconde.

Le complice de l'accusée, M. Doré, était également capitaine. L'affaire se passait entre collègues et amis, si j'ose m'exprimer ainsi.

Les deux officiers, anciens camarades de
promotion, avaient le même esprit de corps.

En a-t-on assez entendu de lutines révé-
lations, de croustillants détails ? Il a été ques-

tion d'une petite pompe aspirante et foulante,
d'un mignon appareil hydraulique qui en l'occu-
rence fut l'instrument dénonciateur. Le capitaine
Colin, né malin, trouvait assez bizarre de voir
sa femme, en sortant, se munir généralement
de ce que les pharmaciens fin-de-siècle appellent
un intime doucheur. Il se méfiait, le capitaine.
Un jour il suivit sa femme et celle-ci le mena
tout droit, et bien involontairement du reste,
chez son meilleur camarade, le capitaine
Doré.

L'officier offensé fut assez maitre de lui pour
aller prévenir le commissaire de police. Escorté
de ce magistrat, il pénétra dans la chambre
où les coupables se livraient aux plus amoureux ébats...

Procès-verbal fut dressé comme pour de
simples pékins et également, comme pour de
simples pékins, l'audience a été publique,
nonobstant conclusions d'avocats qui deman-
daient le huis clos sous je ne sais quels pré-
textes au fond desquels on sentait que l'armée
était en jeu.

Tous les pots-aux-roses ont été mis à l'air. Je ne manquerai pas de générosité au point d'insister sur chaque petit côté, mais il me faut bien reconnaitre que le capitaine Colin, à en croire du moins sa femme, poussait trop loin sa manie pour l'équitation : comme à une rétive pouliche, c'était à coups d'éperons dans le ventre qu'il indiquait l'allure du ménage. L'abdomen de l'épouse en était tout marqueté.

Force est bien de noter également la correspondance des deux amoureux qu'on a troublés ; le brave capitaine Doré recevait, de sa douce amie, une carte télégramme dans laquelle il était gourmandement écrit :

« Je viendrai diner avec toi, ce soir ; ne t'inquiète pas pour la note. Je règlerai ».

Je suis bien certain, pour ma part, que la légende des sous-offs est encore moins applicable à Messieurs de l'Epaulette ; mais c'est déjà trop, pour la fameuse Dignité, qu'on puisse une minute insinuer que les dames payent l'addition.

Je n'en crois rien, je le répète, mais la femme du premier capitaine compromettait fort vilainement le second en lui envoyant de pareils petits bleus.

Elle entourait de très déplacées promesses les aveux de sa belle passion les jours où elle susurrait :

— Allons coucher, capitaine !

Il résulte de tout cela que les porteurs des trois galons, cette semaine, ont beaucoup donné. A la rescousse, on les a vus sur les divers champs de bataille — du ridicule entre autres, et même suffisamment de la honte avec le territorial Triponé.

Je ne veux pas supposer qu'il y ait la moindre corrélation entre ces divers et fâcheux incidents qui, me dira-t-on, ne prouvent qu'à demi. J'en déplore le contre-coup sur mon pacifique caractère.

Des menaces d'orage énervent; et il est de fait qu'à présent je deviens de plus en plus intraitable, même avec mon pauvre chien.

Lorsque la bonne bête se permet quelque nouvelle incartade, c'est plus rudement que je lui crie ces trois mots, toute une synthèse :

— Allez coucher, Capitaine !

Garçonnet

Quand, enlacés dans une invincible caresse, deux amants que tout séparait se sont unis dans la mort, quand leurs corps, épaves du fleuve, flottent à la dérive et viennent s'échouer sur la berge, il y a, pour ces malheureux, toujours un mot de pitié.

Quand, affolé dans la rage jalouse, un délaissé se venge et tue, il y a, pour sa tragique violence, toujours une parole d'excuse.

Quand la Mort apparait, quand l'entrainement des sens fait des victimes, quand les passionnés payent leur passion de la vie, — devant leur corbillard qui passe, on se découvre plus triste.

Et moi tout à l'heure, en lisant qu'on enterrait ce matin Eugène Chollet, Alfred Robert, les héros pénibles du drame de la rue Montaigne, je me suis dit :

— Les pauvres fous que la mort charrie plus qu'elle ne les enlève ! les pauvres qui partent sans qu'on ose les plaindre, ces cadavres que lapident les imprécations des inapaisables vertueux et les épithètes clichées des reporters justiciers, pauvres, pauvres fous ! quelle marche au cimetière !

A leur exceptionnel roman, une exceptionnelle faillite : ces morts s'en vont devant une foule qui ricane.

Pourquoi ricane-t-elle, la foule ?

Oh ! mais c'est un scandale, un gros scandale ! pensez donc : deux garçons !...

Il n'avait pas vingt ans, Chollet, le corps gracile, une jolie tête de fillette avec un esprit d'enfant dépravé. Il était resté à dix-huit ans passés ce type féminin dont nous avons entrevu des échantillons au collège, premières amours des internes ! Il jouait son rôle inverti avec une bonne foi désarmante.

Pour lui, Robert, âgé de quelques années de plus, était le grand ami choisi de son existence, l'ami de toutes les intimités.

L'un faible et doux, alangui; l'autre avec des emportements, des colères, d'inracontables et fauves délicatesses, de compliquées et perverses galanteries, un monde de subtiles conventions...

Ainsi, tous deux, ils avaient plaisir à vivre leur maladive tendresse.

A part cette fatale affinité, contre eux rien de fâcheux à dire. Eugène Chollet avait la réputation, bourgeoisement appréciable, d'un petit employé assidu, exemplaire. Alfred Robert, lui, était le modèle des fils, s'imposant mille privations pour accomplir un devoir sacré, ne gardant jamais qu'une toute minime part de ses appointements pour apporter le reste à sa vieille mère malade.

Pourtant, pourtant, où allait-il Chollet en sortant de son atelier? Où allait-il Robert avant de venir près de la mère adorée? A quels invincibles appels répondaient-ils?

9

Et le dénouement : Robert tuant son ami d'un coup de couteau en pleine gorge et le sang qui a rejailli sur lui, le lavant dans la pleine eau noyante de la Seine — un assassinat, un suicide.

Par quelles dramatiques successions de pensées en sont-ils arrivés là, les misérables ?

Peut-être le mot de cette énigme que, d'une façon précise, nul ne saura jamais, est-il une dernière pudeur dans l'âme d'un tourmenté qui s'est dit :

— Assez ! mon esprit s'écœure, et hurlent mes sens. Point de luttes possibles contre les lancinants désirs... disparaissons !

Et sur les dalles de la Morgue deux cadavres de plus se sont étendus.

Que les sans-pitié plaisantent, que les prudes se couvrent la face, que les moralistes crachent leur fiel, facile c'est !

Facile encore de gloser sur une suprême indulgence.

Nous, quand même, oserons parler, dire

tout. C'est notre joie. Point n'est besoin des peureuses réticences qui font formuler des professions de foi et inciteraient à déclarer :

— Croyez-le bien, je n'approuve pas.

Inutile cela, pas la question ; deux pauvres diables victimes de dame Nature — si souvent contre nature — sont morts. Je les ai plaints...

D'exagérées indignations prennent mal.

Sans remonter à l'antiquité, les vices ont eu, chez nous, leurs complications légendaires et plus qu'admises : Henri III, ce bien-aimé non seulement de ses mignons, mais de tout un peuple ; Louis XV, aussi le bien-aimé ! et, aujourd'hui, ce spécimen du vieux riche libidineux.

Ah ! celui-ci, tout lui est acquis. Les basses gens, maraîchers de tout acabit, lui procurent les fruits verts ; les gens du monde qui se chuchotent à l'oreille les « cocasseries » du monsieur, lui font accueil, et le dévergondage de sa vie s'étale en une coquetterie que nulle acrimonieuse intransigeance ne vient molester.

Et ce spécimen, on le voit par douzaines déambuler sur les boulevards, rose, le teint fleuri, l'œil allumé, ventripotent, débraillé légèrement, mais la boutonnière rehaussée des couleurs vives d'une rosette. On les voit déambuler sur les boulevards, et très bas on les salue, ces minotaures.

Il n'y a là qu'un passe-temps de désœuvré qu'on excuse.

C'est comme un monopole. Un de plus alors?

Le monopole du détraquement !

Quant aux rares humbles qu'un trouble égare et qu'une passion torture et tue, point de pitié pour ceux-là, point de pitié jamais.

Cette rigueur voilerait-elle pas d'inquiétantes similitudes ?...

On nous sert le fameux fin-de-siècle à toutes les sauces, aux plus pimentées ; c'est le mot à la mode et qui s'irise d'égrillards sous-entendus. Une vogue l'impose et la morale courante lui fait risette en l'employant à chaque bout de phrase.

Que l'on soit donc, complètement, fin-de-siècle !

Complètement, sceptiquement...

L'anathème n'est plus de saison.

Notre saison ne se classera pas à la pureté de ses jours — de ses nuits. . . . .

. . . .

En cette saison où filles très maigres, très plates, cheveux courts, genre de gavroches sont tant aimées, tant exaltées, il est prudent de se demander quelles énervantes illusions inconsciemment l'on cherche en elles?

C'est qu'elle comprend son époque, la femme fin-de-siècle aux allures de garçonnet.

Le Jeu de la cour et du hasard

La reine d'Angleterre, qui n'a touché plus de six cents millions depuis qu'elle est sur le trône, est évidemment dans l'impossibilité de faire, au prince de Galles, la petite pension nécessaire.

Le prince s'en plaint, les créanciers s'en ressentent et les événements comme ceux du « baccara scandal » en résultent directement.

L'histoire de Gordon Cumming, ce familier de l'héritier de la couronne, accusé de tricher au jeu est pour le moins symptômatique.

L'ami d'un prince convaincu de faire la poussette ! Un amiral de la flotte !...

A dire toute ma pensée — pas plus déroutée de trouver un voleur dans un officier que dans un civil — je crois qu'en l'espèce l'amitié d'un prince n'a pas été pour le baronnet un bienfait des dieux.

Le contraire peut-être.

Quand on en arrive, après une vie non soupçonnée, à tout risquer pour vingt-six francs, on est surtout un malheureux.

Dans l'entourage du prince de Galles on bat la dèche, une dèche dorée; mais où l'or est représenté par des petits jetons de cuir qui, pour porter les armes royales, ne valent pas beaucoup plus que des sous-pieds découpés.

Toute l'Europe sait en effet que le prince est criblé de dettes : il est probable que celles du jeu figurent dans le tas.

D'autant que cette vieille maxime, inventée sans doute par un grec, « dette de jeu, dette sacrée ! » n'est pas pour impressionner une Altesse aussi moderne.

N'importe. Les cordons de la bourse, trop serrés par la reine Victoria, empêchent le

prince, son fils, de faire galamment les choses.
C'est un fait. Beaucoup, pour lui, autour de
lui, ont ébréché leur fortune.

Qui dirait si dans le nombre, Gordon Cumming, le familier, ne compte pas?

L'Altesse ne se souvient plus.

En cette affaire, tout est peu joli.

Cette façon d'arracher des aveux signés sous
la menace de faire scandale, cette lettre que
quatre gentilshommes ont forcé un cinquième
à écrire, ce procédé sentant le traquenard ne
peut en bonne conscience s'innocenter par l'im-
modéré désir de posséder un autographe.

Et les réponses des témoins ; le M. Wilson
qui vient dire :

— J'étais tellement persuadé que sir Cumming trichait que je me suis associé avec lui.

Il ajoute que c'était uniquement pour le
mieux surveiller. Est-ce là une circonstance
bien atténuante?

C'est ce témoin qui a vu Cumming laisser
tomber, sur son premier enjeu, deux jetons de

cinq livres après que les cartes eurent été abattues.

Et quand on veut savoir pourquoi, à ce moment, il n'a pas protesté :

— Mais, annonce-t-il, il y avait des dames! Ce n'aurait pas été se conduire en gentlemen que d'avoir une discussion de jeu devant des dames.

A l'audience, les dames ne se gênent pourtant pas; l'une d'elles, on ne sait pourquoi, ne peut prononcer le nom du vieux marin, débarqué, sans lui accoler une épithète dont la moindre est : le misérable!

Le côté des hommes ne s'exhibe point plus magnanime.

Lorsqu'on demande au prince de Galles, comme si l'on quêtait une invite à la clémence :

— Vous désirez, Monseigneur, vous montrer aussi bienveillant que possible pour sir William Gordon Cumming?

Voici la réponse qu'on s'attire :

— Non, non, je vous l'abandonne complètement!

Le prince de Galles a bien d'autres chiens à fouetter, trop de créanciers à taper, pour trouver ne fût-ce qu'un mot en faveur de l'ancien ami.

J'aime mieux retenir la déclaration de Mistress Wilson affirmant que le futur roi avait demandé qu'on fît préparer des tables spéciales pour le baccara bien avant que personne n'eût soupçonné Cumming.

On le voit, le prince se méfiait.

Ce ne devait sûrement pas être de son favori. C'était des autres.

Et il ressort que, comme les gens de tripots, les personnages de la haute — quand les fonds sont à la baisse, usent d'ingénieuse méthode pour violenter la fortune.

Ce n'est peut-être pas une nouvelle, mais cela met mieux en relief ce que deviennent, en Angleterre, les jeux de la cour et du hasard.

Paysage de barrière

Il y a quelque temps les journaux parlaient d'une société de bonneteurs ; il était question de capital social, de statuts et de plusieurs centaines de membres. Maintenant, les faits divers enregistrent quotidiennement les arrestations des joueurs de bonneteau, ces dangereux filous, ces escrocs !

On néglige de dire si les gaillards appréhendés font tous partie d'un comité... Ce détail demeure d'un petit intérêt — surtout pour nous qui apprécions les syndicats d'une façon relative.

Toujours est-il que les bonneteurs sont traqués et que les feuilles à reportage pittoresque insistent de nouveau sur l'existence d'une sorte d'organisation ayant pour but de dévaliser le bourgeois bénévole. Telle combinaison ne serait pas autrement désapprouvable — alléger les gens trop lourds c'est encore de l'harmonie. Le fait serait même gracieusement curieux... Le malheur c'est qu'il soit faux.

Sur les routes sans ombre qui partent de Paris, se déroulant vers la campagne, dans ces stériles paysages de barrière, plus tristes aux premiers beaux jours, nous allons le rencontrer, le bonneteur !

Sur le chemin poudreux où les claires joies du soleil semblent une ironie brûlante, du côté de Clichy, de Saint-Ouen ou de Pantin, il est là, l'homme aux trois cartes. A l'affût, si vous y tenez, mais sans l'escopette romantique. Il attend. Devant lui un parapluie ouvert est posé et sur cette singulière table, essentiellement portative, les trois cartes se montrent : les deux rouges et la noire.

De temps à autre, dévalent sur la grand'route, un calicot en bonne fortune, un rentier cherchant le bon air, un véritable choix de ridicules petits seigneurs qui croient aimer la campagne parce qu'ils ont la nostalgie de l'herbe sale.

Souvent ces idylliques personnages font une pause devant le parapluie, ces amateurs de pastorales rêvent de joindre l'utile à l'agréable ballade : si vraiment, la friture payée, ou la gibelotte, ils pouvaient s'en retourner gaiment — de l'argent gagné dans la poche?

Le gueux mal fichu apparaît tentateur avec ces pauvres deux pièces de cent sous qui sonnent dans sa main.

Le bourgeois s'arrête pour détrousser le gueux...

La lutte est courte, d'ailleurs. Et loyale.

— La noire! vous la voyez bien, noire! noire!

Et les cartes vont et reviennent sous les doigts agiles du bonneteur.

Le client, lui, roublard! suit des yeux. La noire, il en est sûr, il y voit clair, c'est celle-ci. Elle passe là, puis là; il n'y a pas de doute, c'est la seconde :

— Cinq francs sur la seconde !

On retourne la carte... C'est la rouge.

La bourgeoisie se trompe toujours.

A présent que, vilain joueur, le monsieur rage, aille quérir les sergents de ville et se lamenter aux échos, ça ne modifie pas la note :

— Ah! c'est ignoble, je suis victime de filous! Il y avait des compères, des gens qui gagnaient tout le temps, qui empochaient. Je voyais que l'homme n'avait presque plus le sou, que la déveine s'appliquait sur lui ; je croyais qu'il allait tout perdre, c'est ignoble! on m'a allumé, on m'a alléché, on m'a volé! .

Les jérémies sont pleins de candeur. Et ils glapissent des aveux.

On sait comment on les allèche les petits seigneurs — et les grands aussi : quand un être semble prêt à sombrer, ils accourent pour les dépouilles.

Il est consolant que les honnêtes gens acharnés sur les pauvres diables laissent, à ce jeu, quelques louis.

Japonisme

Je connais des masses de gens qui raffolent des crépons chinois, des bibelots du Cambodge — décoration non comprise — et des katanas japonais. C'est une passionnette très répandue et qui devient rarement dangereuse.

Les Asiatiques sont à la mode. Ils vendent un tas d'anodines choses dans des bazars pas trop chers. Ils fabriquent les masques de bois aux visages contorsionnés, yeux sortant en boules de loto, bouche tordue ombrée de crins, ces masques qui sont la joie, l'honneur même des ateliers, ces masques rares qu'on retrouve partout, chez les peintres nos amis, à côté d'une tête de mort et d'un vieux fusil à pierre — ensemble évocateur s'il en fut, et qui toujours décèle une belle âme éprise des arts.

De plus, à ces créations d'un domaine si élevé, ils joignent d'autres petits commerces qui les rendent tout à fait populaires, c'est eux aussi qui jouent Pouss'-pouss'.

Les Orientaux sont, à Paris, les bienvenus.

Par exemple, où ils le seraient moins, les bien-venus, c'est en Russie ; ce que nos puissants alliés les portent dans le cœur, ce n'est rien de le signaler.

Aussi, n'imagine-t-on pas la persistance qu'on met là-bas, au pays du thé et de l'opium, particulièrement au Japon, à tenter de massa-crer l'impérial touriste, héritier présomptif des tsars.

C'est la troisième fois qu'on essaye de l'anéantir. Trois fois en quelques semaines de voyage, exagération — même pour un grand personnage.

Un détail montre combien les Japonais sont dans le mouvement : l'auteur de la dernière tentative était un agent de police.

Les journaux expliquent que cette espèce de
sergent de ville appartient à la secte des samouraï qui est, assure-t-on, coutumière du
fait.

Sont-ce également des *samouraï* sans le
savoir, les excellents gardiens de la paix que
nous voyons si zélés les jours de manifesta-
tions ?

La classification serait frappante.

Et puis non, ce n'est pas sérieux, car les journaux nous apprennent en outre que la secte des
samouraï est guidée par un but exclusif de
haine pour les étrangers.

Ce n'est point le cas de nos agents qui témoi-
gnent une préférence marquée pour le passage
à tabac des compatriotes.

Ne discutons pas.

On prétend, on imprime partout que c'est
dans un mouvement de fanatisme que le policier a voulu, d'un coup de sabre, exterminer
le tsarewitch. Si c'est du mot « fanatisme » que

l'on commente le patriotisme primitif des citoyens pointilleux, nous allons bientôt nous
entendre.

Il n'y a qu'une généralisation à faire.

Fanatisme aussi, toutes les déclamations de
la chauvinerie ! Qu'on l'avoue et nous serons
d'accord.

Mais on n'en voudra pas convenir. C'est au
Japon, uniquement, que la pensée nationale
surexcitée mérite d'être ainsi qualifiée. En Europe, cet affolement spécial s'appelle la religion
du Drapeau.

Et si l'on me dit : au moins ici on ne fait
pas fonctionner le sabre — je rappellerai que
l'agresseur exotique était un sergent de ville,
et que, sous nos climats gris, quand ces mes-
sieurs-là s'y mettent, ils joignent d'ordinaire
au coupe-choux le revolver d'ordonnance.

Une chose reste :

Les *samouraï* sont des lascars qui ont le
culte de leur pays, ils sont de plusieurs siècles
antérieurs à la Ligue des Patriotes.

Et en y réfléchissant un peu, par ces temps épris des bibelots de bazars et des masques contorsionnés, on en arrive à se poser un point d'interrogation falot :

— Si pourtant l'allure Déroulède était une façon de japonisme ?

Alphonse l'Indispensable

La Bourse n'est pas seulement l'édifice de style grec et d'emploi plus grec encore, avec ses joueurs de toute fraude ; le monument à Plutus acquiert d'autres avantages. Il n'y a pas de semaine où un fait saillant ne vienne prouver combien il est peu sûr de pénétrer, le jour, dans l'antre de ces agents qui ne donnent plus, à personne, le change ! Voici, maintenant, établi qu'il n'est également pas sans danger de se promener, le soir, autour de la Bourse.

C'est la vie qu'on y laisse.

La fin du sémillant M. Titard entraîne aux pires conclusions. Sans insinuer que l'auteur de la sanglante agression pourrait être un coulissier hargneux ou décavé, ne trouve-t-on pas bien parisien que, près de l'établissement national où l'on vole pendant la journée, on assassine durant la nuit ?

De bonne grâce, pourtant, il faut reconnaitre que ces messieurs de la haute banque sont, sans doute, pour très peu de chose dans le drame qui préoccupe l'opinion. C'est en simple incidente que je pique une banderille au Veau d'Or.

Le coupable reste à chercher.

On a dit que c'était une femme — naturellement de mauvaise vie et de mœurs déplorables — qui, pour employer les loisirs de sa nocturne promenade, avait trouvé peu banal de plonger son parapluie dans l'œil droit d'un journaliste.

Sur une piste aussi belle, plusieurs de nos grands confrères se sont aussitôt lancés.

Ils ont écrit de fort bonnes choses développant le thème général de l'assainissement de Paris.

Le malheureux M. Titard et même le fatal

pépin qui lui donna terrible mort apparais-
saient dans les chroniques ; mais ils ne faisaient
qu'apparaître. Vite, au détour de la colonne, on
obliquait vers les trottoirs où déambulent les
tristes filles :

— Ah ! qu'on rassure la Capitale, qu'on la
débarrasse enfin de cette tourbe ! Les plus
joyeux noctambules sont intimement menacés.
Paris va perdre tous ses charmes. On ne pourra
plus s'amuser le soir !

Et nous nous sommes mis à penser aux amu-
sements dont s'agissait. Nous les connaissons
ces vadrouilles.

On boit, on boit, changeant de brasserie,
allant des boulevards au Quartier latin et du
Quartier latin aux Halles. On boit, on court
après les femmes qui passent, on s'asseoit à
côté de celles qui sont assises, et on les embête
toutes, toutes.

C'est la scie des cafés de nuit.

Elles vous prient de cesser, les femmes; allons
donc ! Il faut la laisser tranquille, celle-ci,

c'est demain le terme et elle n'a pas le premier sou. Celle-là vous supplie de ne plus la suivre, elle attend quelqu'un ; je t'en fiche!..

Il y a une bonne blague à faire.

Et les persécutions se multiplient, pleutres. Et on les poursuit ces filles, ces rosses qui cherchent du pain la nuit par des moyens si drôles. On les poursuit, on les conspue, on les chahute... Alors, un moment elles se redressent, elles se révoltent et vlan ! elles vous soufflètent, et c'est avec n'importe quoi, avec ce qu'elles ont sous la main.

Parfois, c'est un parapluie.

Elle est gaie, la noce qu'on fait ; et intelligente aussi. Les journalistes l'appellent : la Fête. Elle est jolie.

Mais, comme c'est une tradition dans un certain monde de lettres et dans celui du calicot, il est des plumes qui s'agitent. Elles sont vengeresses.

Un valeureux chroniqueur, dont le nom rappelle le père Bugeaud et sa casquette, écrit un violent article intitulé : *Taïaut! Taïaut!* Il excite la police, Taïaut! Il désigne aussi les souteneurs, Taïaut! C'est un homme des plus jovials, les jours même où il est grave — il part pour la pêche à la ligne en chantonnant : Taïaut! Taïaut!

Le souteneur, voilà l'ennemi! C'est de lui que vient tout le mal. Il protège les filles publiques et ne supporte pas la flanelle!

Plus moyen de rire un brin, ni de taquiner une grenouille.

Les sympathiques noctambules ne peuvent risquer leurs farces sans exposer leur gibus à l'aplatissement complet.

C'est navrant et c'est très cher.

Ça ne doit plus longtemps durer...

La relégation, le bagne, tout ce que vous voudrez; mais, que diable ! Monsieur le Préfet, rendez les poissons à la mer.

Il y va de l'honneur de Paris et de l'existence de la Vadrouille.

Le Préfet de police prêtera-t-il l'ouïe aux

cris d'alarme du confrère ? Fera-t-il faire quelques rafles ?

C'est possible, mais c'est secondaire. La première cause à indiquer, c'est la stupidité féroce de tous les bourgeois en goguette.

A force de chercher des distractions bêtes en tourmentant des malheureuses, ils ont obligé ces pauvres filles à songer à la parade. Elles ont maintenant un associé, un gaillard qui les soutient, qu'elles aiment — et qui les défend.

Si l'emploi de cet Alphonse-là est devenu indispensable, c'est la faute aux messieurs très bien !

A Paris! les mineurs

Lorsqu'un épouvantable cataclysme désole une contrée : un tremblement de terre jette bas toute une ville, l'inondation submerge une vallée, le grisou passe et fait d'une mine un sarcophage, — quand c'est Ischia, Murcie ou Saint-Etienne : il se trouve toujours, à Paris, un groupe de gens de lettres et de gens du monde qui organisent une petite fête.

Les belles manières l'exigent : lorsqu'un fléau décime une population, tout Paris, sentimentalement, court à quelque joyeuse kermesse.

En cette généreuse cité, les plaintes des lointaines victimes ont un écho; mais les sanglots de là-bas se répercutent ici avec des sons d'éclat de rire.

Et, si ce n'est point une kermesse, c'est un spectacle varié — autre genre d'amusette — une représentation dans un grand théâtre; quelque chose comme la matinée extraordinaire donnée, à la Comédie-Française, au profit des mineurs de la Loire que la dernière catastrophe a frappés.

Je le sais bien, la représentation a rapporté trente-cinq mille francs; trente-cinq mille francs que se partageront demain les familles des morts. C'est un peu de pain qu'on envoie aux malheureuses femmes qui ont perdu leur père, leur fils ou leur mari. C'est un secours qui sera le bien venu. Est-ce une raison pour taire que tels procédés de bienfaisance sont laids, sont insultants?

Ah! point ne s'agit d'un idéalisme maladif ni de rêveries surannées, je n'ai pas le ton des déclamations vides. Non! mais je veux montrer aux mineurs — auxquels par centaines nous enverrons ce journal — ce qu'ils doivent à jamais penser de leurs « bienfaiteurs ».

Donc, pour arracher aux bourgeois l'obole

piteuse de quelques billets de mille, il est nécessaire de leur octroyer la distraction d'un
spectacle de gala. Pour que ces gens-là aban-
donnent une miette de leur superflu, ce n'est
pas les lugubres souterrains où crèvent les
gueux qu'il faut leur rappeler ; il suffit de leur
servir les frimousses chiffonnées des comé-
diennes !

Et ce sont ces individus pour lesquels tout est
occasion de plaisir, même et surtout peut-être —
en de béates comparaisons — les tragiques
catastrophes, ce sont ces insensibles qui
permettront aux chroniqueurs de nous rabâ-
cher encore : l'inépuisable charité de la grand'-
ville.

Allons donc ! du mépris, et de la haine aussi,
pour les Saint-Vincent de Paul de théâtre mon-
dain, pour ces messieurs, ces belles madames,
qui semblent dire : Charité bien ordonnée
commence par une fête...

Mineurs !
Les actionnaires de vos concessions — ces

concessions à perpétuité ! ceux qui touchent des dividendes d'autant plus solides que les étayements de vos galeries le sont moins, ceux qui dépensent en cigares les économies que l'on réalise sur les procédés assurant la sécurité de la mine, tous avaient certainement tenu à payer leur place pour la solennité du Théâtre-Français. Présent ! étaient-ils glorioleux de se crier les uns aux autres en s'abordant aux fauteuils d'orchestre — se serrant la main comme des héros vaincus. Présent ! Présent toujours, quand c'est pour nos bons et braves ouvriers !

Ainsi la comédie dans la salle avant la comédie sur la scène.

Et je crois qu'en ces temps d'universelle comédie, une pièce est encore à jouer.

Mineurs !

Vous êtes les éternelles victimes des souterraines tragédies, quand donc serez-vous les acteurs victorieux du drame au grand soleil ?

Ce n'est plus l'heure de laisser endormir les

10.

primesautières révoltes au ronron des hypo-
crites bienveillances.

Le jour où, sur les planches du théâtre, on
exhiberait le « mineur hâve » et ténorisant
échappé au grisou, il y aurait gros succès ; de
jolis yeux verseraient des larmes, les nerveuses
sensibleries se détendraient : le bourgeois manifestant sa bonne volonté, sa pitié, en ap-
plaudissant à craquer des gants et quelque
riche dame du monde résumant l'intérêt qu'on
porte aux mineurs en enlevant le cabotin ma-
quillé noir.

Notre société a besoin, pour ses nerfs, de
ces petites émotions-là ; mais on les doit doser.

Vous, les hommes de la mine, les vrais, vous
êtes trop nature. Ce n'est pas vous qu'on veut voir.
Votre figuration troublerait. Vous feriez peur !

Il faut les mineurs de bon ton, aux dessous
galants, sortant des coulisses. Il ne faut pas
les compagnons maigres surgissant des puits
sinistres.

En vérité, compagnons maigres ! on ne vous
connaît pas.

On se rappelle que vous vivez, seulement
lorsque le feu vous tue. Alors, en dilettante,
on cause un peu de vous, on fait la fête, on
fait l'aumône et puis c'est tout.

On ne veut pas vous connaître.

Et je voudrais, moi, que par nos rues parisiennes bordées de provocateurs magasins, un
beau jour, vous passiez en bandes.

Vous nous devez une visite ; faites-là !

Défilez lentement, sur nos boulevards, en vos
costumes sombres ; défilez, très calmes, avec
dans vos poignes vigoureuses, les outils de
travail : vos haches et vos pics.

La grande Coupable

L'épilogue est connu, rien ne reste dans l'ombre, empêchant de saisir l'ensemble : par delà l'égarement d'une femme, le crime d'une Éducation.

Les échos nous viennent d'Algérie : l'épouse a voulu supprimer le mari, pour être « sans honte » à l'amant. Le dessein a échoué. Le mari désintoxiqué est actuellement de retour à la santé. L'amant complice s'est tué. Une petite fille très chérie est morte, enlevant à la mère le dernier espoir d'amour. Enfin l'esseulée, courbée sous le verdict d'une cour d'assises, s'est évadée dans la mort.

Trois cadavres ! L'empoisonneuse d'Aïn Fezza devenue l'empoisonnée d'Oran.

Mais le fait n'est rien, la cause latente est

tout : en lisant les mémoires de Mme Weiss,
à chaque page, elle transparait cette cause.

Il y a dans ces feuillets, écrits à la prison ou
à l'hôpital, plus qu'une tentative d'autobiogra-
phie; on y voit, se dégageant en clarté fauve,
une non exceptionnelle psychologie de femme.

Par l'aperçu qu'elle en donne, dès l'âge de
jeune fille, on sent comment cette existence
s'orientait, semblablement à celle de tant d'autres femmes qui n'ont pas encore empoisonné
leur mari...

On trouve là une synthèse d'éducation fémi-
nine, éducation qui n'a rien de sentimental.

Mme Weiss raconte ses années de pensionnat
à Nice, alors qu'avec quelques compagnes pré-
férées, qui n'ont du reste nullement fait parler
d'elles — jusqu'ici, elle se jouait « des malheureux potaches qui se laissaient aller à des
œillades timides et devenaient aussitôt la proie
commune; ridiculisés qu'ils étaient, chantés
en vers et en musique, caricaturés de face et
de profil. »

Et toute la ville y passait, « toutes les figures connues à Nice étaient surnommées, étiquetées, classées dans notre galerie. »

L'auteur appelle cela les meilleurs instants de sa vie... les plus beaux jours peut-être! Comme c'est loin des émotions naïves marquant les plus beaux jours d'antan! Comme c'est loin du charme mystique de la première communion, loin de la révélation des premiers baisers d'amour!

Puis, le mariage sans affection; l'amant pris pour passer le temps. Bientôt la tourmente des exaltations — roman, névrose et anémie. Enfin le crime ourdi découvert, l'amant payant de sa vie, et la femme rejetant sur lui, telle une créature de Pranzini ou de Prado, toute l'horreur des machinations et s'écriant en un regret : « Serai-je seule à expier ce que nous avons été deux à commettre? »

C'est désarmant.

Les pages les mieux venues sont celles où la femme s'apitoie avec des larmes sur elle-même. Un premier janvier, elle souffre plus que de coutume, elle a mal, « mal d'être seule quand tout le monde est en joie », elle a soif d'un peu de tendresse, et, à la place de son amant mort, en incidente navrante, elle songe à son mari ; « mais Jean pense-t-il à elle maintenant ? »

S'il voulait...

Et malgré le coloris d'évocations dans lesquelles revit l'enfant disparu, « petit corps rigide qui, tout nu, est cloué dans une boîte et enfoncé sous la terre, cette terre qui doit être toute humide, toute détrempée », malgré des grâces et les larmes, ces mémoires s'effeuillent reflétant cette Éducation, fleurie de passe-temps frivoles et de grimpantes cruautés.

L'empoisonneuse, l'empoisonnée n'est que Résultante irresponsable — elle est victime.

La grande Coupable, c'est la Société avec son enseignement et ses conventions, avec ses lois antihumaines, avec ses geôles et son mariage !...

Ce mariage qui faisait que Madame Jean —
Amante Pierre — était l'esclave enchainée.

La grande Coupable, c'est la Société avec sa
féroce logique, incitant à tous les crimes par
respect pour les préjugés.

Paul et Virginie

Virginie est morte et Paul va partir pour les travaux forcés...

C'est ainsi :

Deux ivrognes, bras-dessus bras-dessous, le ventre plein et la tête vide, mis à la porte des cabarets qui se ferment, rentrent en titubant au logis de l'un d'eux, le plus proche. Ils s'affalent sur le lit, s'endorment d'un sommeil lourd que troublent les hoquets vineux et les cauchemars de l'alcool. Dans les involontaires mouvements de ces deux corps avachis, où la boisson gargouille, un ivrogne abat son poing sur le visage de l'autre, et l'autre, en un sursaut, comme en rêve, prend à la gorge son compagnon, l'étrangle — et se rendort.

11

LE MAGISTRAT (interprétant le cas). — Levez-vous, Vaubourg, vous avez tué votre camarade, un garçon de dix-neuf ans, imberbe! Vous l'aviez enivré d'abord. Pourquoi donc, sinon pour le « posséder » ? Vous aimiez le jeune Boutry comme Paul aimait Virginie !

Les gens de robe, qui opèrent au palais de justice, nous ont accoutumés au gable de leurs professionnelles tendances ; jamais pourtant, ainsi que dans le procès d'hier, ils n'avaient eu le mot coquet.

Ç'à été naïf et superbe.

— Voyons, fait le président, un homme comme vous, Vaubourg, un garçon de vingt-sept ans, fort, vigoureux, vous vous mettez au mieux avec un gamin qui n'a pas vingt ans, qui est joli ; vous couchez dans le même lit, et vous voulez nous faire croire que vous ne l'enlacez pas... Ce nest pas à nous qu'il faut conter çà.

Et la magistrature assise — un peu partout, détaille ses intimes appréciations, se met à la

place de Vaubourg, côte à flanc avec le jeune
Boutry :

— Allons, insiste le président, est-il possible
d'admettre les dénégations de l'accusé ? Tout
indique le rôle que devait jouer le petit débardeur à la figure efféminée. On ne passe pas la
nuit, sans profonds motifs, à côté d'un petit
débardeur.

— Un petit débardeur imberbe ! appuie le
procureur.

— Et blond ! conclut le président, ça tombe
sous le sens.

Ceci n'est pas inventé. Ce n'est peut-
être point la sténographie de ces caractéristiques interrogatoires, c'en est absolument l'esprit.

Aussi, cet article est-il, à chaque alinéa,
prêt à glisser sur la pente savonnée qui conduit à l'outrage aux mœurs — aux mœurs de
la magistrature.

On en convient. Et, pour que la petite fête
soit complète, voici que le ministère public fait

intervenir, dans ces postérieurs débats, l'ineffable Grande Famille.

— Boutry allait partir au régiment, conçoit
et dit sans ambages le procureur de la république, et Vaubourg sentait que s'il n'arrivait
pas de suite à ses fins immondes, il serait trop
tard demain. Vaubourg a tué dans un accès
d'érotisme et de jalousie, parce qu'il savait bien
que la Caserne allait lui ravir le petit...

C'est clair. L'avocat bêcheur — de l'armée,
avait du reste la partie belle et l'insinuation
commode après les récentes aventures de Châlons-sur-Marne où des demi-douzaines d'officiers et de sous-officiers se sont fait pincer la
main au sac.

Ces saillies ingénues qui émaillèrent le procès dont un résultat a été la condamnation de
Vaubourg aux galères perpétuelles prennent
trop de place pour permettre de disserter sur le
drame lui-même. Il vaut mieux s'en tenir à
cette physionomie des audiences. De précieux
aveux ont été recueillis. D'édifiantes et per-

fides pointes ont été lancées. Les magistrats, après s'être déboutonnés sans vergogne, n'ont pas craint de viser les culottes rouges.

Parfait. Et, puisque le président a parlé de Paul et de Virginie, reprenons sa comparaison pour finir. Elle est d'un facile emploi lorsqu'on accouple le magistrat et la soldatesque.

Les faits divers le proclament :

Paul c'est souvent un substitut quand Virginie est un petit soldat.

Rousse

L'autorité constituée, qu'en argot on nomme la Rousse, s'est dernièrement payé la tête d'un autre Rousse, député.

L'histoire est vieille de dix jours et n'inciterait plus à la discussion si les chroniqueurs chroniquant avaient saisi le sujet pour en tirer quelque sapide déduction. Mais non, ces messieurs ont une légèreté de touche qui leur permet d'épousseter un cas sur une surface de deux colonnes sans en enlever la poussière.

Un sujet est encore vierge quand la plupart des articliers lui ont fait subir les derniers outrages de leur copie démesurément allongée.

En cinq lignes, pour rappel, l'aventure se note :

Dans un tramway — Le député épateur chope d'audace la place d'un quelconque citoyen — Intervention du policier type qui parlemente avec l'honorable parlementaire en l'esquintant de réglementaires coups de poing — Epilogue : tout le monde au poste.

C'est plutôt gai.

On s'imagine bien, à la sortie du théâtre, ce bon M. Rousse, représentant du peuple ; il est avec une dame, devant le bureau d'omnibus, écoutant, impatient, l'appel des numéros. La voiture s'emplit — la dernière voiture. Faudra-t-il prendre un fiacre ? A cette pensée, l'homme à 25 francs par jour ne se possède plus : « Je suis député », fait-il, et fendant la foule compacte il passe, tirant sa dame. Il arrive près du conducteur ahuri, « Je suis député », hurle-t-il et il monte sur le marchepied — la dame emboîtant le pas. « Je suis député », triomphe-t-il encore, s'asseyant, tout fier, à la place volée.

— Ah ! tu es député ! et pign ! et pan !

Cela c'est un monsieur qui n'est pas content et qui manifeste sur la figure de l'Honorable, l'arrache de sa banquette et l'envoie rouler hors de l'omnibus. La dame suit toujours.

Indiscutablement la scène est joyeuse et l'inconnu administrant, avec ce sans-gêne martial, une correction au législateur mérite un petit bravo.

Mais, on dévoile que cet appréciable don Quichotte est un policier qui s'entretient la poigne — cette poigne qui, d'autres soirs, s'abat aussi inconsciente, sur de braves femmes retournant tranquilles chez elles.

Ça jette un froid.

Nous n'imiterons pas pourtant ceux de nos confrères qui consomment l'exécution de l'agent de police. Quoi qu'on puisse dire, l'acte en question constitue, pour la personnalité de cet officier de paix, une circonstance atténuante.

Récemment c'était un sénateur encombrant, voulant forcer les consignes faites pour le vulgaire giber que nous sommes, c'était un père conscrit qu'un garde républicain du palais de justice conduisait au clou, cabriolet au poing.

Maintenant c'est le tour d'un député. Bravo !

Berlin s'est fait une réputation parce qu'en cette ville il y a, parait-il, des juges.

Paris, auquel la renommée n'a jamais accordé des magistrats probes, est sur le point de se créer une autre célébrité.

S'il y a des juges à Berlin, il y a des policiers à Paris.

C'est notre revanche.

Agression

Celui qui aura frappé par le fer périra par le fer, dit l'Evangile qui n'est pas la plus ridicule des lectures.

Nous eûmes le malheur d'être rudes pour les pornographes ; ils nous le rendent aujourd'hui.

Le Parquet nous brutalise.

Nous avions écrit, combien nous paraissait peu séduisant le labeur des spécialistes de la gaudriole. Tout en reconnaissant que certains tableaux sensuels avaient un intérêt vif, nous montrions comme les prétendus artistes qui récidivent constamment la même scène de genre — de genre photographie d'Amsterdam, finissent par être rasants et rageants. Si ces êtres-là, de temps en temps, avaient des visées plus hautes, si parfois ils allaient au cerveau

du lecteur et pas sans cesse à son bas-ventre —
on distinguerait en leurs œuvres les successives
impressions d'un esprit subtil qui s'affirme
austère ici, là passionné, on y trouverait ce
qui d'ordinaire y manque totalement, on y
découvrirait quelque chose de propre. Mais
Armand Silvestre est le seul vieux gaulois qui
soit à la fois soyeux et sentimental. Cette
noble exception ne suffit pas. La trichine va
devenir le phylloxera des lettres!

Nous disions à peu près cela, il y a six mois.
C'était dur.

Et, par un juste retour des choses d'ici-bas :
on saisit notre journal, on perquisitionne, on
nous cite chez le juge d'instruction et ce monsieur nous annonce, sans rire, qu'il s'agit de la
répression des publications obscènes.

Les vrais pornos grognent :

— C'est bien fait !

Si nous avions eu souci d'éclairer la foi de ce
juge d'instruction, qui du reste ne semblait pas
désirer essentiellement lui-même instruire sa

religion et documenter son avis, nous lui aurions répondu ce que nous avons réservé pour nos lecteurs, pour nos camarades.

Nul ne pouvait un instant s'y méprendre.

A qui la faute ?, l'article de M.-J. Le Coq, cette chronique incriminée comme attentatoire à la moralité des foules indiquait seulement — et sans fioritures à la Mendès — le besoin, pour la femme, d'un amour moins bestial que l'amour craché par l'écœurante brutalité des hommes « sans respect pour les chastetés d'âme que garde la plus dépravée ».

Le sujet n'était pas cherché à plaisir, pas voulu. L'actualité l'imposait. L'aventure de Mme de Rute avait mis sous la plume d'un gros tas de journalistes de rustaudes invectives, de prudhommesques effarouchements. Il était de bonne riposte que l'un de nous dit strictement : A la fin, laissez-nous tranquilles avec vos pudeurs détailleuses. En admettant même l'exactitude des accusations — lesbiennes caresses — à quel titre sermonez-vous ? Et le Baiser n'est-il pas libre ?

Dans ce journal, où la lutte est pour la Liberté toute, c'est, selon l'a-propos, cette thèse et pas une autre que forcément on doit soutenir.

Pour ne point s'en rendre compte, pour voir autre chose dans l'article en cause, il faut être un vieux goret ou bien un jeune et soupçonneux magistrat.

La vérité vraie c'est que depuis longtemps on nous guettait, prêt à s'emparer du premier prétexte. On nous épiait attendant l'occasion de frapper un sale coup — le coup traître. Cette occasion, on a cru la trouver.

On s'est bien gardé de nous poursuivre lors des plus osés cris de révolte. On n'ignorait pas que nous craignons peu l'amende et la prison, suffisamment prémunis que nous sommes contre l'une — et bravant l'autre. On a patiemment attendu et le dandin qui, l'autre jour, a annoncé : Nous les tenons comme pornographes ! s'est pris pour feu Machiavel.

Il s'est mis le code dans l'œil.

En vain on tentera de nous entrainer sur un terrain qui n'est pas nôtre.

Nous ne nous laisserons pas faire.

Nous sommes des hommes.

Les agressions par derrière ne peuvent réussir, aux magistrats, que quand ils s'en prennent à des enfants.

Pour un forçat

D'abord ceci, et très haut :

C'est pour le forçat Reynier jeté, il y a sept ans, aux chiourmes de Nouméa, le forçat Reynier dont l'innocence est reconnue au moins depuis trois ans. C'est contre les complices qui retiennent cet homme dans les bagnes de la Nouvelle-Calédonie.

Des haines politiques, en un village du Var, ont fait dénoncer, comme auteur d'un assassinat, un inoffensif paysan mal vu du maire et du curé. Un des faux-témoins, repenti, avant de mourir, l'a confessé — l'a écrit.

Par deux fois nous avions parlé du condamné non-coupable, et personne n'avait bougé. Nous ferons de manière qu'il n'en soit pas de même aujourd'hui.

Si la besogne que nous poursuivons avait été entreprise par un quotidien à fort tirage, l'écho aurait déjà répondu.

Mais avec un petit journal comme le nôtre, on a cru le silence plus habile. On a pensé que ce serait le simple enterrement de l'affaire — l'enfouissement définitif d'une victime gênante dans les galères perpétuelles.

Ce ne sera pas.

Et malgré les magistrats...

Le point d'honneur de ces derniers est de ne convenir jamais de leur faillibilité. Dès qu'ils ont remué leur balance, qu'ils ont promulgué la peine, l'innocent est le plus coupable — coupable de ne l'être pas.

Ils agissent souterrainement pour conserver leur cadavre.

On l'arrachera de leurs ongles.

Et malgré les veuleries...

Nombre de députés, des journalistes connaissent les faits que nous avançons. Ils les connaissent depuis longtemps : ils en ont causé entre eux.

Des feuilles ont eu des velléités de campagnes promptes évanouies.

Des membres du parlement sont allés, l'hiver, dans le midi, faire d'hygiéniques enquêtes, et sont revenus répétant, très échauffés :

— L'innocence de Reynier est indéniable. Quels juges ont pu le condamner! Ce n'est pas lui qui devrait être à l'île Nou!

Il y est cependant, et il y reste. L'apathie est telle, en cette société, que ceux même de sincérité relative et de moyen courage se sentent vite las. Je ne dis plus rien des chauffeurs qui, sciemment, taisent la vérité ; mais je songe aux bonnes personnes qui semblent s'intéresser à ce drame et, depuis des années, cependant, se prononcent seulement dans le vague ; je songe à ceux qui n'auraient peut-être à présent qu'un mot à dire, un article à écrire pour lancer la question toute vive... et qui ne le font pas.

Les voilà aussi, les complices !

On pourrait les nommer.

Il s'en trouve au banc des ministres. Et qui sont si bien disposés ! et si cordiaux ! Abordez-les, parlez-leur de la triste victime, ils arroseront leur mouchoir :

— C'est affreux ! Hélas ! A qui le dites-vous ! Mais il faut garder son sang-froid. Attendre l'heure. C'est épouvantable... Venez-vous prendre un bock ?

On n'en tire jamais autre chose : de la bière !

Eh bien ! non, il n'y a plus d'heure à attendre.

Quand on sait certaines choses, il faut les crier de suite.

Il n'y a pas d'heure à attendre :

Chaque minute qui passe est volée à la vie d'un homme.

Pour nous, si plus tôt nous avions été informés, plus tôt nous serions partis en guerre. Nous n'avons pas l'illusion d'impressionner le gros public, nous n'espérons pas amener du coup la revision d'un scandaleux procès ; mais ce que nous saurons faire le voici :

Nous allons forcer à se mouvoir des personnages qui en peuvent dire long et qui, pareusement, restent cois. Nous allons réveiller d'un coup de fouet, le vieux zèle endormi de députés qui, eux, sont bien placés pour saisir l'opinion.

Ce sera la mise en demeure.

Il n'est pas séduisant d'avoir recours à un Parlement que nous estimons peu, et d'en appeler à une Justice que nous soupçonnons fort.

Au moment où le parquet se couvre de ridicule en poursuivant pour obscénité les journaux de bataille qui ont surtout le tort de parler légèrement de la magistrature — est-ce là où girait la pornographie ? — au moment où le palais-bourbon achève de se disqualifier en des pugilats au cours desquels des ministres truqueurs font de la réclame à leur poigne gouvernementale sur les grotesques caboches de députés chimériques, — ce n'est pas sans un surcroît d'appréhension qu'on remet une cause à des « honorables » et à des juges.

Cependant y a-t-il d'autres moyens?

Non.

Alors, marchons !

Une pétition est toute prête, faite et signée par le père Reynier. On attend qu'un « représentant du peuple » daigne la déposer sur le bureau de la Chambre.

Un premier pas.

Mais il faut le faire, et demain. Il faut encore soutenir cet appel par une interpellation au ministre de la justice. Il faut qu'il y ait du mouvement et du bruit autour de ce martyre que le silence a prolongé sept ans*.

---

* Le bruit ne manqua pas. Tous les journaux revinrent à la charge. Les pouvoirs publics s'émurent. Une enquête fut ordonnée. La grâce de Reynier paraissait chose faite. Dans une lettre ouverte au Directeur des Affaires Criminelles, la *Petite République* concluait : « Ne laissez pas Reynier au bagne après avoir lassé la pitié publique. Tenez, je vous envie. Dans cette lamentable affaire, c'est à un courageux journal, l'*Endehors*, que revient le premier mérite. Clovis Hugues, Antide Boyer, lui ont prêté l'appui l'un de son nom populaire, l'autre de sa situation politique. Et c'est vous, vous seul, qui en aurez la gloire. » La campagne pourtant ne devait abou-

Nous ne nous perdons pas en de vaines récriminations, ni dans de romantiques aperçus sur les tortures qu'endure là-bas le patient de ce complot judiciaire.

Nous ne chanterons pas de romances canaques.

Nous ne voulons voir qu'un seul côté :

Le moyen le plus pratique d'enlever un galérien à la chiourme.

C'est bien devant la Chambre que le débat doit être porté.

Si l'on ne trouve pas un député de bonne volonté, nous en pourrons indiquer d'office qui — nous appuyons, exprès — depuis des mois et des mois, sont fixés sur l'innocence de Reynier.

Ceux-là ne resteront plus impassibles et muets.

---

tir que plus tard — et incomplètement. Aujourd'hui, bien que gracié, Reynier n'a pu encore obtenir l'autorisation de rentrer en France.

Ils comprendront qu'on leur imputerait comme un odieux crime de ne pas avoir dit ce qu'ils savaient.

Ils parleront.

Dussions-nous, pour les y contraindre, les désigner — avec l'index vers leur face.

Glabres

Mercredi dernier vers midi, dans le voisinage des quais, nous avons été, deux amis et moi, victimes d'un guet-apens.

Comme on nous avait attirés dans une maison du reste assez mal famée, quatre individus se sont précipités sur nous et ont tenté de nous refaire nos porte-monnaie. Nous n'avons pas l'habitude de conserver grand'chose sur nous et c'est à cette circonstance seule que nous devons de ne pas avoir été dévalisés. Toujours est-il que les agresseurs, en retournant nos poches, parlaient de nous chaparder, à chacun, un beau billet de mille.

Ils n'ont pas trouvé vingt-cinq sous.

Cette scène qui se passait au « palais de justice » mérite d'être redite.

Nous étions cités à la neuvième chambre pour outrages aux bonnes mœurs. L'article dans lequel notre collaborateur avait exprimé de la pitié pour les malheureuses que la société a dépravées nous valait ce croc-en-jambe. On avait assigné l'auteur de la chronique, on avait assigné le gérant, on m'avait assigné moi-même supplémentairement.

Tous les trois nous comparaissions.

Ce fut vite fait de montrer l'abîme qui nous séparait des joyeux pornos auxquels on prétendait nous assimiler. Avec une éloquence sûre d'elle, un défenseur, M⁰ Desplas, mit en relief notre allure plutôt sévère, il indiqua les batailles que nous livrons. C'était d'une netteté qui devait s'imposer à de simples honnêtes hommes.

Mais voilà, non seulement on se trouvait en face de magistrats, de plus nous avions — spécialement avec ceux-ci, affaire à des cyniques de la désinvolture. Ce fut charmant. Tandis que parlait notre avocat, tandis que s'accumulaient les évidentes preuves de notre bonne foi, les trois augures placés derrière le comptoir affectaient de ne rien écouter du tout. Ils se livraient à des exercices les mieux variés.

Le sieur président de Boislile, qui se trémoussait au milieu, n'était pas le plus banal avec sa tête de vieux faune guetté par le gâtisme. Il s'amusait à jouer au cochonnet avec des petites boulettes de papier.

A son côté, le sieur Bastide s'étirait, les manches retroussées, exhibant du linge qui avait été blanc, se renversant à droite sur son fauteuil, se recouchant vers la gauche et grattant avec des ongles rageurs une barbe à pellicules.

Le sieur Bidet de l'Isle, lui, laissait errer de grimaçants rictus sur sa physionomie de maniaque en poursuivant *con amore* la lecture du *Fin de Siècle*. Quelquefois il feuilletait une collection des *Beautés Parisiennes*. Certes il ne restait inactif et nous ne l'avons vu qu'à deux reprises hypnotiser son regard de buveur triste sur un petit carafon de cognac placé près de ses fournitures de bureau.

Quant au procureur de la république, le sieur Cabat, un gros homme dont la face dénonce la race bovine, il se contentait de labourer péniblement sa correspondance.

Il ne faut pas s'étonner si ces quatre sieurs, qui n'avaient rien entendu, s'entendirent à merveille — ils s'entendirent comme magistrats en foire !

L'avouerai-je ? la condamnation qui s'ensuivit — 1000 francs d'amende pour chacun de nous, ne me parait pas exagérée.

Il s'agissait, en effet, non de protéger les « bonnes mœurs » qui n'étaient point en cause ; mais de réagir, d'insidieuse façon, contre les soufflets appliqués hebdomadairement à la magistrature. Trois mille francs c'est pour rien.

C'est d'autant plus pour rien que notre or n'enrichira guère le fisc.

La vengeance de Thémis a donc été maladroite.

Personne n'est demeuré dupe de ce coup de Jarnac.

L'attitude des applicateurs de lois a souligné lourdement leur volonté de faire quand même une exécution sommaire.

Ces espèces n'ont pas de tenue.

La fille Justice est mal soutenue par ses alphonses glabres !

Autour d'un crime

« L'assassin portait un chapeau haut de forme, de forme basse, dit Kronstadt. »

Deux jours entiers, à propos du crime du boulevard du Temple, les quotidiens nous ont servi et resservi cette russophile nouvelle rédigée gaiement et destinée peut-être à rendre le meurtrier sympathique.

On nous a montré ensuite, au-dessous du chapeau, un visage à fine moustache, un personnage gracieux, jeune et joliment vêtu; puis on nous a appris que cet élégant devait avoir un parapluie, un parapluie grossier, délabré, dont la cotonnade, trouée en maints endroits, était maculée de graisse et de boue.

Ce dernier renseignement était dû au flair des agents, car le parasol à la Crusoe n'avait nullement été vu dans les mains du distingué visiteur de Mme la baronne Dellard — il avait été trouvé dans un cabaret du voisinage. La police, toujours subtile, avait alors pensé : ce préhistorique riflard doit appartenir à ce monsieur que nous recherchons et que l'on dit si correct. Comme déduction ce n'était pas mal.

Les journaux appelaient ça une piste.

Entre temps, d'autres pistes se dessinaient.

Des reporters corsaient leur compte rendu, leur enquête, de bizarres sous-entendus. Après avoir posé ce point d'interrogation : où le meurtrier s'est-il réfugié ? ils écrivaient, sans transition : le fils de la victime est allé chez son oncle ! On parlait d'affaires de famille, de drame intime. On insinuait que, dans ces sortes d'affaires, un étranger frappe avec l'assentiment des proches. On pouvait lire des phrases dans ce goût-ci : « Lorsque M. Dellard, rentrant à une heure très avancée de la nuit, sut que sa mère avait été poignardée et était morte, il eut peine à cacher son trou-

ble..... » On ajoutait qu'il est des secrets
qu'on essaye d'enterrer avec les person es qui
les détiennent. Bref — menaces latentes — on
annonçait de possibles surprises...

L'*Eclair* a fait justice de ces laborieuses
hypothèses, en publiant un article dont la thèse
se résume en peu de mots, à savoir : quand une
vieille dame est assassinée il ne faut pas fatalement supposer que ce soit par son fils.

Dans le public, constatons-le, il y a un senti-
ment d'indéfinissable admiration pour la maîtrise avec laquelle le crime fut exécuté.

Quelle énergie ! Quel sang-froid !

On se rappelle l'individu imperturbable et bien
mis — ce recordman de la belle ouvrage ! guet-
tant la sortie de la bonne, s'introduisant —
serviette d'avocat sous le bras et couteau de
boucher dans la serviette — au domicile d'une
dame qu'il sait seule, égorgeant d'un coup la
maîtresse de céans et procédant ensuite aux
recherches, papier ou monnaie, pour lesquels il
s'était dérangé. Inopinément interrompu par

la servante, on revoit l'audacieux garçon,
d'un brusque mouvement, faisant tomber la
lampe que tient la domestique et donnant dans
l'obscurité, un coup terrible, moins bien as-
suré, toutefois, puisque la seconde victime peut
se trainer à la fenêtre, appeler au secours.

Alors, le fauve, l'homme sanglant rajuste sa
redingote, reprend son chapeau Kronstadt, des-
cend l'escalier, tandis que tous en éveil, les
gens de la maison crient :

A l'assassin !

Il va d'un pas mesuré, arrive dans le vestibule
et, au concierge interloqué de tant de tapage,
c'est lui qui dit :

— Vous n'entendez donc pas. Il y a un assassin, ici. Il faut fermer la porte de la rue !

Il dit, et passe, tirant lui-même la porte —
la tirant sur lui. Et cette porte claque et se
ferme comme se clôt le premier acte d'un mé-
lodrame.

On aime ça dans le peuple.

La foule se passionne et se complait au fait-divers tragique par lequel elle ressent les émotions qu'elle allait chercher, plus factices, en ses théâtres favoris.

L'école du mélo!

Une véritable légion d'auteurs dramatiques ont avec ensemble concouru à idéaliser cette manière de beau crime. Ils ont surexcité des esprits avec les sombres machinations, les habiles guet-apens et toutes les Croix de ma Mère...

Si ces dramaturges sont pour beaucoup dans le plaisir d'une quantité de gens, amateurs de tueries en cinq actes, souvent ils ne sont pas pour rien dans l'acte hors-scène des tueurs.

La bande Berland, ex-terreur de Courbevoie, fréquentait le théâtre d'Asnières les soirs des plus sinistres représentations, et c'est encore au théâtre, où l'on jouait un drame sanguinolent, que les complices se retrouvaient après l'assassinat de la veuve Dessaigne.

L'acte du meurtre, au spectacle, c'est toujours, pour quelqu'un, l'acte à faire dans la vie — dans la mort.

Ici, un mot se place forcément. J'ai dit qu'ils étaient légion les auteurs dramatiques, fournisseurs attitrés des théâtres du boulevard du Crime.

Ils s'appellent Dennery, Paul Féval ou Jules Mary.

Ils s'appellent aussi, paraît-il, Dellard !

Le fils de l'égorgée — cet homme calomnié comme fils — des journaux le prônent comme écrivain et cela parce qu'il serait l'auteur de quelques-uns de ces mélodrames d'estoc et de taille et de poignard...

A la suite de quelle pièce, peut-être, un spectateur des secondes galeries a-t-il fait l'horrifiante visite à la demeure du dramaturge Dellard ?

Autour du crime nous avons surpris les tâtonnements bêtes de la police avec l'histoire du parapluie, les opérations de la presse en ses insinuations suspectes, l'entraînement du public au sens faussé par un art théâtral vulgaire — il reste quelques lignes à écrire :

Le fait de planter un couteau dans une carotide est rarement beau. Il y a eu deux victimes déjà; mais si l'on arrête l'assassin, le couperet de la guillotine en fera une troisième. La répression réédite le crime...

On entrevoit le meurtrier, dès la seconde du meurtre, traînant sa vie d'angoisses, traqué par la meute de la sûreté, luttant faible, isolé, contre les forces coalisées d'une société pourlécheuse de guillotine. Ce qui est fait est fait. On ne récrimine pas à propos du passé irréparable, et d'instinct la voix s'élève pour l'assassin désormais menacé sans trêves :

Qu'il se sauve, le fugitif!

De burlesques dénonciateurs sont venus, ces jours derniers, confier leurs soupçons à divers commissaires. Un benoit, au restaurant, remarquant que son voisin ne mange pas de bon appétit en déduit qu'il se trouve en face du meurtrier et l'entraîne au poste. Un gabelou désireux de prouver du zèle et jaloux d'un de ses collègues le fait pincer par les agents.

C'est le son du cor par les rues.

Et, devant moi, la chasse à l'homme peut passer, les chiens suiveurs de piste peuvent aboyer à l'hallali, on peut crier :

— Arrêtez-le !

Si je donne un croc-en-jambes, ce sera toujours au sergent de ville !

Vive l'Armée!

Rarement la capture d'un assassin fit autant de ramage que celle du meurtrier de la baronne.

Les journaux, à pleines colonnes, accumulent jusqu'aux minutieux détails.

Des reporters policiers réussissent à publier les lettres — toutes intimes, écrites jadis par Anastay à un quidam, Lionet, dont le rôle se borne à livrer de vieilles correspondances d'ami, en buvant l'absinthe avec des intervieweurs.

Quant à ces messieurs de la chronique, ils tournent et retournent la question, ils la tournent sur place. Leurs aperçus sont simples autant que peu rapides : « Grand criminel ! Fâcheux que ce soit un officier ! Le tact consisterait à ne pas appuyer. » Ou bien : « Il faut franchement avouer que ce misérable est un

officier, il y a des mauvais serviteurs partout !
Le drapeau n'est pas en jeu. »

La grande préoccupation, la cause de tout
le potin et de toutes les discussions, c'est l'inquiétante pensée de ce qu'il advient quand les
gens de l'Epaulette sont déchaînés dans la vie
civile.

Il ne s'agit plus des révoltés qui de parti
pris haïssent la soldatesque, il s'agit des doux
bourgeois et de leur tranquillité menacée.

C'est eux, ce sont les bourgeois qui dans un
instant vont crier :

— L'Officier, voilà l'ennemi !

Le *Figaro* racontait, en geignant un peu, que
dans un café du boulevard, le soir où les journaux annoncèrent que l'assassin était un sous-
lieutenant, un monsieur d'allure distinguée,
rejetant son journal sur la table, se permit de
dire à haute voix :

— Encore un officier, ça ne m'étonne pas.

Quatre ou cinq jeunes porteurs d'uniforme se
dressèrent illico sur leurs huit ou dix jambes,

13

prêts à bondir vers le monsieur. Un commandant en civil dut s'interposer pour éviter une
effusion de sang et de bière, au moment où
les quatre ou cinq militaires se disposaient à
« faire voler leurs bocks » à la tête du pékin. Il
fallut se contenter de solliciter des excuses qui,
du reste, furent refusées le plus crânement du
monde.

Les lamentations du *Figaro* deviennent
lyriques quand il se prend à songer que les
subversifs manifestants, qu'il croyait terrés
dans les cabarets des faubourgs, ont mis pied
et s'affirment sur les aristocratiques boulevards.

Les symptômes se multiplient...
C'est la poussée.

Tant que les crimes des galonnés ont été commis dans le huis clos de la caserne, le silence
était de consigne. Il n'y avait pas d'écho pour
les plaintes des recrues martyrisées. A peine
un peu de pitié pour les malades que le
m'decin major traitait de carottiers et faisait

mourir. On fermait les yeux volontiers devant les turpitudes comme devant les atrocités.

Si les yeux s'ouvrent, si les regards se braquent sur l'armée c'est que, coup sur coup, des officiers prennent des bourgeois pour cible.

La bourgeoisie se rebiffe.

Du prestige des sabretaches il ne faut pas parler.

La Grande Muette n'est plus dès longtemps comparable à la femme de César qu'on ne doit pas soupçonner : c'est Suzanne de Châlons-sur-Marne.

Depuis la Fille du Régiment, depuis les amours du capitaine et des lieutenants, on ne pouvait espérer la réputation virginale. Au moins ne s'attendait-on pas si tôt à la dégringolade finale.

Il n'y a pas à se le dissimuler, la bourgeoisie elle-même, tirée de sa léthargie par les coups de couteau du sous-lieutenant Anastay, éveillée de sa torpeur par les coups de revolver du major

Breton *, la bourgeoisie — apeurée plus que convaincue — désenfourche cavalièrement le dada du militarisme.

Et la preuve c'est que les chroniqueurs disent et répètent, sur tous les tons, le contraire.

La preuve encore, c'est que ce matin on fait parvenir aux journaux la note suivante :

« L'autorité militaire a invité le parquet à ne pas laisser exposer le portrait du sous-lieutenant Anastay. »

Pourquoi ?

On topographie le sens d'un courant de l'opinion.

---

*Dans une autre partie du journal on relatait la condamnation de ce major pour assassinat sur la personne d'un dentiste : « ...Ces messieurs du Conseil de Guerre, qui font fusiller le troupier coupable d'avoir bousculé son caporal, ont pensé que, au prix où sont les rateliers, la vie d'un dentiste valait bien deux ans de prison. » A côté des articles qui s'intitulaient *Cris*, le journal publiait ainsi, sous la rubrique *Hourras, tollés et rires maigres* et sous celle de *Petites clameurs*, une revue des menus faits de la semaine : échos, notes d'art et polémiques.—N. de l'E.

Les traits du meurtrier, son uniforme, ses galons, ce sont les insignifiants traits de mille et un officiers, c'est leur uniforme, c'est leur galon.

Des solidarités s'établissent.

Il serait insensé de dire : un officier a commis un crime, tous les officiers sont des assassins.

Mais c'est l'évidence même qu'à l'occasion près, tous les professionnels du sabre, entraînés par la fête, frappés par la débine, sont les dilettantes du couteau.

Anastay l'a résumé en clamant, après avoir dépeint son insupportable situation de sous-lieutenant en disponibilité, de sous-lieutenant sans-le-sou, voulant quand même tenir son rang :

— J'étais réduit à tuer !

Nos plus chères convictions se bouleversent.

Qu'on ne nous parle plus de désarmement !

Il faut que nos brav's continuent... Le mess et le bivouac. Si leur exubérance piaffe, si la

dèche les affole, il faut que ce soit la guerre :
le Tonkin, l'Allemagne ou l'Italie.

Il faut qu'ils s'occupent en militaire.

Vive l'Armée!

Les officiers travaillent trop mal dans le civil.

Le cas du Chien

Peu s'en est fallu que le commissariat de Clichy, ce local policier qui servit de cadre à de féroces et légendaires passages-à-tabac, ne finit dans une apothéose de dynamite.

Deux mignonnettes bombes de cuivre rouge avaient été déposées dans un couloir conduisant au bureau du commissaire, les mèches avaient été allumées... Tout allait pour le mieux au point de vue spécial du dépositaire arguant de la purification des lieux, lorsqu'un chien, le chien du chien du commissaire s'aperçut de l'éclairage *a giorno* et se mit à donner de la voix. C'est ainsi que retentit l'alarme. Il aboya, il aboya et quelqu'un vint assez à temps pour éteindre l'illumination menaçante.

On remarquera que, depuis les oies du Capitole, il y a toujours des animaux qui se mêlent de ce qui ne les regarde point. Les bêtes viles — c'est une image. — crient toujours : gare ! aux plus légers chambardements.

Pour être juste, je spécifie que le cas du chien est plaidable : quelle que soit la déshonorante fonction de son maître, ce fidèle quadrupède cherche à le protéger. On peut apprécier des dévouements si complets et ne pas jeter le solennel blâme au cabot qui fut l'empêcheur de sauter en rond.

D'ailleurs il est facultatif de craindre que les gens du commissariat de Clichy, ces dignes représentants de l'autorité qui, le 1er mai et le 14 juillet, ont conquis dans la banlieue une sanglante réputation de bourreaux, n'aient reculé que pour mieux sauter...

Excuses

A l'heure où de nouvelles poursuites sont exercées contre nous au sujet d'un article jugé offensant pour l'armée, il n'est pas mauvais de donner quelques explications destinées à dissiper les doutes et à prouver qu'il n'y a pas eu vilaine intention de notre part.

Peu nous chaut si ces explications, par les malveillants, sont taxées d'excuses.

Et d'abord nous ne nous serions jamais imaginé que cette théorie de Tourne-dos soit encore offensable. Notre collaborateur Méry en écrivant ce très modéré article, *Les chourineurs de caserne*, où il procédait au recensement des soldats assassinés ce mois-ci par leurs chefs, ne pouvait soupçonner que le parquet allait s'émouvoir.

Mais ne serait-ce pas un tort de croire que la pédérastie est le seul point commun entre l'armée et la magistrature?

Il y en a d'autres : la solidarité des livrées par exemple.

Il est une franc-maçonnerie aussi organisée que celle des frères à petits tabliers : la franc-maçonnerie des souteneurs de l'autorité — robes et culottes rouges.

Donc il ne sera plus permis de regarder en face l'ignoble erreur du militarisme sans s'exposer à être frappé dans le dos par des magistrats. Il ne sera plus loisible d'écrire que si la pensée est d'esclave, si la plume est sans pointe et si l'encre est pâle.

Le nommé Couturier, juge d'instruction, interrogeant notre gérant Matha, a eu un mot typique dont l'écho doit se répercuter.

Comme notre camarade revendiquait la responsabilité de l'article, ajoutant qu'il voyait dans les passages incriminés d'indiscutables vérités :

— Certainement, fit le juge d'instruction Couturier, mais toutes les vérités ne sont pas bonnes a dire !

A la place du procureur général, je me méfierais de ce Couturier à façon. N'est-ce pas encore lui qui, essayant de discutailler avec notre collaborateur Jules Méry, à propos de l'éloquente statistique établie par son article, n'est-ce pas lui qui avouait les tristes abus de pouvoir, tout en engageant, nous devons le reconnaitre, à ne pas trop généraliser.

Cette opinion conciliante du monsieur dont les souvenirs de rhétorique s'affirment en la volonté de ne pas conclure du particulier au général, ne nous va cependant qu'à demi.

Nous ne sommes pas éloigné de conclure du caporal Geomay... au général que vous voudrez.

Nous mépriserons les petits moyens qui se résument en les réticences, en les capitulations de la dernière heure.

Longtemps les anti-militaires — même les plus vigoureux — gardèrent pour l'intimité le tréfonds de leurs rancœurs. Parmi les écrivains qui combattirent le préjugé soldat, il en est nombreux qui, le moment de s'expliquer venu, ont prétendu flétrir les tares de quelques-uns, bien qu'estimant le caractère des autres.

Une défaite.

Dès qu'une conviction est ancrée, je n'aime pas que l'on ratiocine.

Combien est plus simplifiant d'avoir l'audace du parti pris.

Nous l'aurons :

C'est la bête sacrée, toute la bête — plumes, panache et ferraille, conseils de guerre, supplices d'enfants, angoisse des vieux... monstre à l'affût — a-t-on compris? c'est toute la bête que nous visons loyalement et sans que nos doigts tremblent.

Et, puisqu'en ces jours de panique chacun note une impression à propos de la glycérine ou du picrate de potasse, puisqu'on s'entretient de la boîte à sardines de la caserne Lobau, nous devons cette confession :

Une caserne qui saute c'est un assez joli symbole.

Articles de Paris

Les vieux ronds-de-cuir qui pontifient dans la presse et les jeunes fatigués qui travaillent pour l'honneur dans ces gazettes où, précisément, le mot honneur parait une ironie, tous les gens de plume et de maison ont en ce moment une si piteuse attitude et de si sottes expressions qu'on ne pourrait suspecter leur bonne foi. Ils sont grotesques et tâchent d'être cruels. Ils sont bien eux.

Les uns plaisantent les convictions des révoltés qui savent écrire, les autres jappent au courage des parias qui savent agir.

Et pas un, pas un seul, en ces jours dont la monotonie se rompt par éclats sous l'exubérante dynamite, pas un seul n'a montré par une ligne, par un mot, qu'il eût la sensation des choses, la conception des êtres, la personnalité d'un point de vue.

Professionnellement, ces messieurs vont, ils vont très lourds, donnant de la voix au concert discordant des hallalis. Ils vont, criant bien fort aux échos de leurs colonnes — à la méthode de ces apeurés qui, la nuit, veulent se rassurer en chantant.

Et la chanson est glorieuse : les refrains c'est l'exécution sommaire, le rappel de la délation, la promesse d'ameuter la foule sur notre passage — l'écharpement dans la rue.

Hardi, grimauds !

Donc ce nous sera, par ce matin, double plaisir de regarder droit et parler clair.

Rien ne nous lie, rien ne nous empêche d'avoir conscience des mouvements de la vie. Nous n'aspirons à rien de ce que donnent bravos et votes, à rien : pas même à l'Académie — et nous n'imiterons pas M. Zola qui, après s'être écrié jovialement, au lendemain de la première explosion : « Il va bien, mon Sou-

varine, depuis que je l'ai lancé dans le monde »,
se reprit au second coup — celui qui lézarda
la maison de la rue de Clichy — et dit à un
reporter : « Il n'y a pas, en France, d'état
d'esprit anarchiste. »

C'est que personne n'a paru se rendre un
compte exact des derniers faits. On a cru voir
de furieuses vengeances... Il y a autre chose.

Et, sachez-le : ce sont les dédains vaniteuse-
ment affichés pour la foi des parias qui condui-
sent ces passionnés aux solutions extrêmes.
On leur a dit qu'elle n'existait pas, l'Idée pour
laquelle ils se ruent à tous les combats, on leur
a dit qu'autrefois les précurseurs parlaient
moins... On a souri de leur théorie. On a
bafoué leur espoir. On n'a pas voulu un instant s'arrêter quand, sur la route, ils tentaient
d'apostoler la foule.

Et voyez-le :

Tel le camelot dessinant sur le trottoir, avec
un morceau de charbon, de grossières images,
pour attirer le public badaud auquel il offrira
tout à l'heure un article de Paris, un primitif

propagandiste de l'Anarchie a voulu forcer l'attention par la brutalité d'un fait.

Derrière ce fait, c'est la foi tant niée sur laquelle il amenait la discussion féconde.

C'est une Idée que le dynamitard déployait.

Et nul ne le devra nier — alors qu'à la faveur de l'agitation, les journaux servent à leur clientèle ces « articles de Paris » que le terrible inconnu rêvait de jeter en lumière. A côté même des invectives, le *Figaro*, l'*Eclair*, d'autres feuilles, publient et mettent en valeur des théories qui, jamais, n'avaient eu droit de cité. Ces journaux se font, malgré leurs réserves, les propagateurs de l'Idée maudite.

Est-ce un résultat ?

Des hommes lisent, discutent — comprennent peut-être...

Pour les petits

Dans la tourmente de ces dernières semaines, aux échos des explosions, à la clarté des
révoltes, sous la menace suspendue, implacable,
il est un Paris qui s'est évanoui : le Tout-Paris
— gens de mode et rastas de lettres.

Ensuite, ç'a été le réveil comme au cauche-
mar où l'on s'effondre dans la cave, le réveil
dans la terreur avec des sursauts affolés. Nous
avons entendu les appels au lynchage, nous
avons vu les têtes mises à prix, nous avons vu
le policier dilettante toucher le prix du sang.

Un individu a livré un homme, et cette parade
nous a été donnée : le dénonciateur applaudi par
la grand'ville chevaleresque.

L'argent cadrait avec cet honneur-là.

Dans le tablier du garçon marchand de vins
—dans son tablier tendu pour l'aumône, les

louis ont tintinnabulé, dans la sébile de Lhérot
l'obole de la peur est tombée.

Laide vision!... Et, tandis que de nouvelles
collectes, d'invraisemblables pourboires, écha-
faudaient la fortune du délateur, nous avons
songé au vaincu, à ce tragique Ravachol auquel
on enlevait les trois sous qui lui restaient pour
ses caprices de prisonnier voué à la mort. Nous
avons pensé aux autres détenus, aux victimes
de ces dernières rafles. Nous avons pensé à tous
les hommes que la révolte et la lutte ont jeté
dans la geôle. Nous avons songé à leurs femmes
sans pain, nous avons songé à leurs mioches...

Nous n'allons point, d'une plume baignée de
larmes, délayer des apitoiements; les boniments
de la pitié courante nous viennent mal et nous
ne tentons point de faire vibrer la sensiblerie
bourgeoise. Les bonnes volontés, nous ne les
gagnerons pas à de sordides compromissions.

Quand on parle pour les petits, pour les moins
forts, il est un devoir de fierté.

C'est donc à nos seuls amis, connus et inconnus, c'est à tous ceux qui ne lancent point le Væ victis! que, sans phrases, nous nous adressons :

Les Chaumartin ont deux fillettes dont l'aînée vient d'avoir six ans ; Hamelin, arrêté à Saint-Quentin, a deux bébés. Les hommes manquant à la maison, c'est la misère toujours plus noire pour demain. Les enfants de Decamp, les deux aînés : quatre et cinq ans, ont été recueillis par de braves gens pour qui la tâche est lourde; un troisième, que sa mère a voulu garder, est au lit depuis dix jours... faute de vêtements.

Ne ferons-nous rien pour ces petits ?

Si, et ce sera juste et bon et formel.

En mépris des quêtes pour un Lhérot, et quelles que soient les opinions, en estime pour les lutteurs désintéressés, en amour pour les innocents qui font leurs premiers pas, donnons pour les enfants des détenus. . .

Et que cette souscription qui proteste, réagit et fera le bien, soit large *.

---

* A cet appel, répondirent non seulement des compa-

Que ce soit un fait !

Camarades et compagnons, s'il est nécessaire, privez-vous un peu — une fois de plus. L'œuvre sera féconde. On a trop habilement usé du sympathique nouveau-né de la rue de Clichy, celui de la maison branlante, on a trop affecté de croire que les révoltés sont inutilement féroces. Il faut que sombre ce mensonge.

Montrez que, si votre volonté est de combat, si votre plume et votre bras sont prêts pour les batailles, vous avez au cœur de l'amour. Montrez que la main fermée qui frappe les puissants s'ouvre et se tend aux déshérités, aux humbles et aux petits des hommes...

---

gnons, mais aussi nombre de souscripteurs imprévus. En quelques jours plusieurs centaines de francs étaient mis à la disposition des détenus dans les greffes des prisons ou répartis à leur famille. C'est à la suite de cette distribution d'argent qu'on arrêta Zo d'Axa pour association de malfaiteurs. On prétendit que le fait de distribuer de l'argent à des personnes compromises dénonçait une complicité. Enfermé à Mazas, d'Axa n'y resta que trois semaines ; mais les articles qu'il écrivit à sa sortie le firent poursuivre de nouveau. Ce fut alors la cour d'assises, des jours d'exil et des mois de prison. — N. de l'É.

Notre complot

La Bourse, le Palais de Justice et la Chambre des députés* sont des édifices dont il a été beaucoup question ces jours-ci : ces trois maisons publiques ont été spécialement menacées par trois jeunes hommes qui fort heureusement ont été arrêtés à temps.

Il est impossible de rien cacher à messieurs les journalistes, ils ont dévoilé la triple conspiration et leurs confrères de la préfecture ont immédiatement appréhendé les conspirateurs.

Une fois de plus les gens de presse et de police ont bien mérité de cette partie de la popula-

_____

* Ces lignes étaient écrites bien avant l'affaire Vaillant. Lors de cette affaire, d'ailleurs, l'*Endehors* ne paraissait plus. Le dernier numéro de cet hebdomadaire est daté de janvier 93. — N. de l'E.

tion qui n'apprécie pas encore le charme pittoresque des palais en ruine et l'étrange beauté des effondrements.

Le public ne marchandera pas les actions de grâces. On reconnaitra même en espèces sonnantes les services rendus. Il faut encourager les vertus civiques. Les fonds secrets vont danser et le cotillon sera conduit par les sauveurs de la société.

Tant mieux ! car il est édifiant de constater que s'il est parmi nos adversaires un petit nombre d'exploiteurs malins, la grosse masse est composée d'imbéciles qui reculent à l'horizon les bornes de la naïveté.

Comment leur a-t-on fait croire, à ces disgrâciés, qu'à l'heure présente les anarchistes pensaient à faire sauter le parlement.

A l'heure où les députés sont en vacances !

Il faut être au-dessous de tout pour supposer que les révolutionnaires choisiraient un pareil moment.

Ne serait-ce que par courtoisie, on attendrait la rentrée.

Cependant les boutiquiers de Paris, en faisant leur étalage, l'autre matin, se sont dit avec leur robuste bon sens :

— Il n'y a pas la moindre erreur, on veut saper les assises de nos monuments séculaires, nous sommes en face d'un nouveau complot.

Allons, allons, braves boutiquiers ! vous errez aux plaines de l'absurde. Songez un peu que la conspiration dont vous parlez n'est pas nouvelle ; s'il s'agit de jeter bas les édifices vermoulus de la société que nous haïssons, il y a longtemps que cela se prépare.

C'est notre complot de toujours.

Et le temple de la Bourse où les catholiques fidèles aussi bien que les juifs fervents se donnent rendez-vous pour les rites et les trucs de leur petit commerce, le temple de la Bourse doit en effet disparaître — et bientôt.

Les manieurs d'argent seront à leur tour maniés par la lourde caresse des pierres qui s'écroulent.

Alors on ne jouera plus ce jeu de bourse, on ne fera plus ces coups habiles qui rapportent des millions à des sociétés anonymes dont la raison d'être consiste à spéculer sur le blé et à organiser des famines.

Les coulissiers et remisiers, tous les banquiers — les prêtres de l'Or, dormiront leur dernier sommeil sous les décombres de leur temple.

Dans cette attitude de repos, les financiers nous plairont.

Quant aux magistrats, on le sait bien, ils ne sont jamais si beaux que lorsqu'ils marchent à la mort.

C'est un vrai plaisir de les voir.

L'histoire fourmille de traits piquants en l'honneur des procureurs et des juges que le peuple, par moments, a fait sombrer dans les tourmentes. Ces hommes-là, il faut l'avouer, ont l'agonie décorative.

Et quel superbe spectacle ce serait: un branle-bas au Palais de Justice! Quesnay gêné par une colonne qui lui aurait cassé les vertèbres, s'efforçant d'avoir la mine d'un Beaurepaire frappé aux Croisades; Cabat, dans un dernier souffle eitant encore du Balzac; et Anquetil, près du fin Croupi, s'écriant :

— Rien n'est perdu... nous couchons sous nos positions !

La scène aurait une telle grandeur que les bonnes âmes que nous sommes plaindraient sincèrement les vaincus. Nous ne voudrions plus nous souvenir de l'ignominie des robes rouges — teintes du sang des misérables. Nous oublierions que la magistrature fut lâche et cruelle.

Ce serait l'ineffable pardon.

Et si Atthalin lui-même, ce spécialiste pour procès de tendances, si Atthalin — le crâne légèrement fêlé, demandait à être conduit dans une maison de santé, on accéderait galamment au désir de ce malade.

On le doucherait sans rancune.

En vérité, il n'est pas indispensable de se sentir anarchiste, pour être séduit par l'ensemble des prochaines démolitions.

Tous ceux que la société flagelle dans l'intimité de leur être veulent d'instinct les revanches aiguës.

Mille institutions du vieux monde sont marquées d'un signe fatal.

Les affiliés du complot n'ont pas besoin d'espérer les lointains avenirs meilleurs, ils savent un sûr moyen de cueillir la joie tout de suite :

Détruire passionnément !

Zo d'Axa par Félix Vallotton
dessin du *Rire*.

ENDEHORS

Beauvais. — Imprimerie professionnelle, 4, rue Nicolas-Godin.

Du même auteur, à la même librairie

de Mazas à Jérusalem

un volume avec couverture en couleurs,
illustrations de
Steinlen, Lucien Pissarro et Félix Vallotton.

3 fr. 50

www.ingramcontent.com/pod-product-compliance
Lightning Source LLC
Chambersburg PA
CBHW071348280326
41927CB00040B/2406